U0098608

0

滄海叢刊

社會學與中國研究

蔡文輝 著

1986

東大圖書公司印行

行政院新聞局登記證局版臺業字第○一一七號

著作權執照臺內著字第＿＿＿號

中華民國七十年五月初版
中華民國七十五年二月再版

© 社會學與中國研究

基本定價壹元伍角陸分

著　作　者　蔡文輝
發　行　人　劉仲文
出　版　者　東大圖書股份有限公司
總　經　銷　三民書局股份有限公司
印　刷　所　東大圖書股份有限公司
臺北市重慶南路一段六十一號二樓
郵撥：○一○七一七五──○號

序　言

　　這本「社會學與中國研究」裏所收集的十一篇論文是我從事社會學研究二十年來的幾篇中文著作。從一九六四年我在思與言雜誌上發表「中國家庭制度之演變」起，一直到今天，我在社會學上的研究從未間斷。嚴格來講，前十年的著作較偏重於中文著作，後十年則較多英文著作。不過最近二年間，我又重新撰寫中文文章。尤其一九七九年三民書局出版了我的「社會學理論」一書，更給了我磨鍊中文撰述的機會。

　　這本集子主要包括兩個主題。前面四篇文章是有關社會學理論性的討論，撰寫的時間也較晚。其中第二篇「派深思之社會進化理論」是翻譯稿，是必須在此聲明的。其原文出處，讀者可查閱正中譯叢第一輯，我有明註。後面七篇文章則是有關中國社會結構的討論。這幾篇文章除了第十一篇「工業化衝擊下的臺灣社會」是新近才完成的以外，其他的文章可代表我早期的研究成果。雖然這幾篇文章比較「老」，但是它們並沒「過時」。對研究社會學或社會變遷的人來說，它們所描述的中國社會仍然是相當有價值的。

　　我在一九六〇年考進臺灣大學社會學系，一九六四年畢業，一九六七年返系任助教，一九六八年來美進入加州大學（柏克萊）(University of California, Berkeley) 社會學系攻讀，一九七四年獲該校博士學位，畢業後迄今執教於印第安那大學（章恩堡）。這期間裏對社會學的研究一直沒有間斷。尤其我一直努力應用社會學的理論來研究中國和臺灣社會。在柏克萊時，我的指導教授艾伯華教授 (Wolfram Eberhard) 對我

的指導和教促使我能專心在這方面用功努力，是我最感激的。在一九七〇年至一九八〇年間我發表了不少有關這方面的英文著作和論文。

臺灣大學社會學系前系主任龍冠海教授是我社會學的啓蒙者。他一直對我鼓勵有加。那年我返系任助教時，他總是鼓勵我專心做研究工作，也給我足夠的時間去做研究工作。沒有他的鼓勵和教誨，我大概不會對社會學發生興趣，也大概不會以此為職業。社會學系的郝繼隆教授、朱岑樓教授、王培勳教授，以及來系客座一年的沈愛麗教授和陳郁立教授等都對我早期的社會學研究有所影響。另外歷史系的許倬雲教授，考古人類學系的芮逸夫教授和李亦園教授都幫過忙，謝謝他們。

一九六〇年代晚期和一九七〇年代初期的柏克萊是美國社會學的領袖。在那裏，我受教於斯美含教授(Neil J. Smelser)、貝拉教授(Robert N. Bellah)、史汀基坎布教授 (Arthur L. Stinchcombe)、史萬生教授 (Guy E. Swanson)、邊廼克教授 (Reinhard Bendix)、及政治學系的中國問題專家史卡諾賓諾教授 (Robert A. Scalapino)等人都是當時的一時之選，對我來講，這機會是很難得的，也是很光榮的體面事。

這本論文集只能算是起步，它代表着我過去二十年在這方面的努力。我要謝謝三民書局編輯部答應出版它，並列入滄海叢刊內。

最後，我要謝謝內人李紹嶸女士，結婚十年同甘共苦，好日子固然有，苦的日子也不少，都順順利利地過了，功勞總有她的一份。家裏的二個小壯丁書章和書誼也是我們這家的樂趣泉源。

一九八一年二月

印第安那州

韋　恩　堡

社會學與中國研究 目次

序　言

一 派深思學派之崛起與沒落

一、前 言

在美國社會學史上，一九五〇年代可以說是功能學理論之全盛時期。
在這一時期裏，社會學理論與功能學理論實際上是兩個同義字。著名的
功能學家戴維斯 (Kingsley Davis) 教授在一九五九年的美國社會學年會
主席致詞時就曾宣稱任何不接受功能學理論的人不能算是社會學家；任
何超出功能學理論範疇之外的理論也不能算是社會學理論，功能學理論
就是社會學理論[1]。

功能學理論在一九三〇年代晚期開始崛起，一九四〇年代已頗具規
模，一九五〇年代獨霸美國社會學，一直到一九六〇年代晚期才逐漸喪
失其領袖角色，這個理論之所以能縱橫美國社會學界主要地是要歸功於
哈佛大學的派深思 (Talcott Parsons) 教授以及一羣派深思教授所教導出
來的門生，這一羣社會學家亦即是通稱之派深思學派(The Parsonians)。

---

[1] 這篇講稿後來刊登在美國社會學理論上。Kingsley Davis, "The Myth
of Functional Analysis as a Special Method in Sociology and Anthropology"
American Sociological Review (24:6), Dec. 1959, pp. 757-772.

社會學家阿布拉漢森 (Mark Abrahamson) 在最近出版的一本書裏就有
這樣一段回憶：

「在一九五〇年代晚期和一九六〇年代初期，我還是一個研究所學
生。絕大多數社會學理論課程之內容皆爲功能學理論。當時，我並無任
何奇怪的感覺，只認爲我所學的東西就是理論。功能學理論這名詞跟派
深思聯在一起，而且還認爲大部份批評派深思的文章都很無聊的。」❷

事實上，在廿世紀的美國社會學界裏，沒有人比派深思更受到尊
崇，也沒有任何一個學派能有派深思學派那樣嚴謹和完整的陣容。本文
的目的在於描述探討派深思學派之崛起與沒落之過程與因素。從人的角
度來說明派深思學派之歷史過程。因爲篇幅所限，筆者將不詳細討論功
能學派理論的架構與基本概念。讀者若對這方面有興趣，可參閱筆者一
九七九年由臺北三民書局出版之社會學理論第三章與第四章❸。這裏所
提到的只是一些與本文有關之概念而已。

二、派深思學派之崛起

派深思於一九二七年受聘爲哈佛大學經濟系講師，一九三一年轉入
社會學系任講師，一九三六年升任助理教授。在這十年裏，他並不很得
志。在他的回憶錄裏，他再三指責當時社會學系系主任梭羅孔教授的不
平待遇。派深思把這十年看做是他個人的危機時期❹。

一九三七年派深思出版了一本綜合馬歇爾、柏烈圖、涂爾幹、韋伯

---

❷ Mark Abrahamson, *Functionalism.* Englewood Cliffs, N. J.: Prentice-
Hall, 1978, p. ix.

❸ 蔡文輝，社會學理論。臺北：三民書局，民國六十八年。

❹ Talcott Parsons, *Social System and the Evolution of Action Theory.*
N. Y.: Free Press, 1977, pp. 29–31.

等四人理論的書，社會行動之結構 (The Structure of Social Action) 這本書的出版可說是派深思學術生涯的轉捩點。他不僅得到哈佛大學校長的特准於一九三九年提升爲副教授，更重要的是一羣與他學術相同的哈佛大學同事和研究生逐漸地組成了一個以他爲中心的小團體，這些人當中包括了著名的社會心理學家歐柏特、社會人類學家克盧洪等哈佛同事以及研究生墨頓、戴維斯、威爾遜、巴博等人。

一九四四年派深思接掌社會學系系主任一職，並於一九四五年網羅兩名著名社會學家何門史和史多福加入該系，一九四六年更改社會學系爲社會關係學系。派深思說社會關係學系早期那幾年實在是他教書生涯的「眞正黃金時期」，因爲他在這幾年裏所教出來的學生都成了社會學界的健將，影響了美國社會學的發展貢獻甚鉅。這些人包括烈威、斯美會、貝拉、林賽、斯奈德、貝爾、巴博、高芬荷等人❺，這些研究生乃形成後來所謂派深思學派的中堅代表人物。

社會學家顧得納在西方社會學未來之危機一書中認爲派深思之所以能吸引那麼多有智慧才幹的學生，乃是因爲派深思理論在當時尚未成熟，缺點與遺漏之處頗多，正好可以滿足這一批年輕研究生的創造慾，梭羅孔教授在當時雖然比派深思名氣大、聲望高，但是梭羅孔之理論已成熟，甚少有年輕研究生插嘴之餘地。因此，這一批年輕研究生轉而參加派深思的小團體，希冀貢獻自己個人的看法和觀點，補充派深思理論之不足。

顧得納同時指出派深思學派之所以能獨霸美國社會學三十年時間的另一個原因是因爲哈佛大學聲望高，其畢業之學生找教職比較容易，而且總是在幾個比較有聲望的好學校任教。這些人自然而然產生一種領導

---

❺ 請參閱 Talcott Parsons, "On Building Social System Theory." *Daedalus*. 1970, pp. 833–835.

作用。派深思既然在哈佛大學任教，則其聲望自然受到肯定的尊崇，其所教出來的學生自然也都被認為是一流的。這些研究生畢業以後分散至全國各地優良大學，乃形成一影響力甚鉅之領導團體，進而支配美國社會學界❻。

派深思著作等身，除了前面提到的社會行動之結構一書之外，其他主要著作包括：「社會體系」、「行動論序論」、「家庭、社會化與互動過程」、「經濟與社會」、「社會學理論與現代社會」、「社會：進化與比較觀點」、「現代社會之體系」、「社會體系與行動理論之演化」等書。

派深思學派之崛起，一方面固然是派深思本人及其門徒之努力，但是更重要的另一方面原因則是這個學派所主張的功能學理論 (Functional Theory)， 頗符合當時之美國社會與民情。 其理論不僅成為社會學之正宗主流，而且亦在其他社會科學裏發生很大的影響力。

筆者在前面曾經提到派深思學派之形成是在一九四〇年代，而在一九五〇年代和一九六〇年代初期獨霸美國社會學界。這一段時期可以說是美國社會的全盛時期，我們都知道一九四〇年代，由於第二次世界大戰在歐亞兩洲激烈地進行，美國因地理位置遠離戰場且資源豐富人口眾多而成為西方國家之主要戰爭伙伴。第二次世界大戰結束之後，西方各國的重建工作完全依賴美國鉅額的經援，馬歇爾計劃協助了西方各國戰後之復甦也同時提高了美國在國際上的地位而被公認為第一強國。以一九四〇至一九六〇年代初期， 美國社會裏可以說是豐衣足食， 失業率低，犯罪問題亦少，整個社會呈現一種太平氣象。派深思所提出來的整合 (integration) 與均衡 (equilibrium) 概念正可用來說明當時美國社會

---

❻ 請參閱 Alvin W. Gouldner, *The Coming Crisis of Western Sociology.* N. Y.: Basic Books, 1970.

的完美，因此乃大受歡迎。

　　派深思學派所主張的功能學理論的中心概念是認定社會結構基本上是整合的，是永遠朝着均衡的狀態運行的。所謂整合係指社會裏各部門之間相互影響的結果所造成的某種程度的和諧性，整合含有兩種意義：一種是指體系內各部門的和諧關係；一種則是指體系內各部門的共同維護用以對抗外來的壓力。均衡則是社會體系運行的最終目標，因為當一個社會達到均衡狀態時，它內部的體系將是和諧而無衝突的。即使體系內部有所變遷，也是相當緩慢且有秩序的。因此變遷只是一種對社會體系內部的局部性調整，無損於整個社會體系之整合與均衡。

　　功能學理論再三強調社會體系各部門是相互關聯的，這個理論主要地有四個基本命題：

　　㈠每一體系內的各部門在功能上是相互關聯的。某一部門的操作運行需要其他部門的合作相配。因此，當某一部門發生不正常問題時，其他部門可以填補修正。

　　㈡每一體系內的組成單位通常是有助於該體系的持續操作運行。

　　㈢既然大多數的體系對其他體系都有所影響，則它們應被視為是整個有機體之附屬體系。

　　㈣體系是穩定和諧的，不易有所變遷。

　　在這四個基本命題之大前提下，功能學者研究某一種社會制度時，他所要問的一個最基本問題是這個制度對整個社會體系具有何種功能？舉個例子來說：聖誕節大家互相贈寄聖誕卡片和禮物是社會的一種習俗。以功能學理論的立場來看，這種習俗既然存在，那麼這種習俗必定有其存在的價值，也就是必定對社會整合有功能。功能學理論對這習俗解釋認定個人與個人之間因互贈卡片和禮物而增進友好關係，進而使整個社會更形和睦。

　　派深思強調，雖然個人的行動是自私和有目的的，但是個人的行動却受社會規範之約束。因此，衝突程度不會太嚴重。每一種行動都受社會的影響，因此眞正完全是個人意願所做出來的行動可以說幾乎不存在。譬如說：一個學生去找他的教授希望能延期交期末報告，這個學生與教授的互動是有目的和企圖的，但是他也知道做爲一個學生他應該如何去解釋給教授聽，如何請求教授寬延幾天交報告，以和順的方式獲得教授之允許。換句話說，這個學生知道這樣做是社會所允許的行動方式，也只有這樣做，他才可能得到他所要的。這就是社會的約束力量，也就憑這約束力量，社會裏的成員才能和平相處，社會才能安寧。人與人的來往實際上是社會角色與角色之間的互動，個人本身並不重要，個人在互動時所扮演的那個社會角色才是眞正的互動單位。一個人在日常生活裏常扮演許多角色，如果沒有社會規範的約束，這些角色可能會產生衝突，不僅個人受損，社會亦無法和睦安寧。

　　派深思相信每一個社會時時刻刻都面臨四個生存的問題。這四個問題不僅每一個社會都必須設法解決，而且社會裏的每一個附屬部門也都有這四個問題必須解決。這四個問題亦卽派深思著名的 AGIL 四個概念。派深思理論中心是社會體系的穩定、整合與均衡，解決了 AGIL 這四個問題不僅使社會能繼續生存下去，而且亦維護了社會體系之整合均衡。

　　A 是指適應外在的環境，亦卽英文裏的 (adaptation)

　　G 是指目的的獲取，亦卽英文裏的 (goal attainment)

　　I 是指體系內的整合，亦卽英文裏的 (integration)

　　L 是指體系模式之維護，亦卽英文裏的 (Latency, Pattern maintenance)

　　我們可以用下列一系列的圖表來說明派深思之 AGIL 之功能與其彼

此間的相互關係。

圖一　社會體系之功能要件

註： 這整個圖代表一個社會體系，每一小方塊代表一個附屬體系，從圖裏
我們可以看出不僅大的社會體系有 AGIL，每一小附屬體系亦都有其
個別之 AGIL 問題與功能要件。

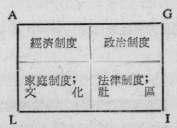

圖二　AGIL 應用在社會制度上之交互關係

註： 這圖用來顯示經濟制度的主要功能是適應外在的環境（A）；政治制度
的主要功能是目的之獲取（G）；法律制度與社區的主要功能是整合體
系（I）；家庭制度與文化的主要功能是維護社會體系之規範模式（L）。

　　派深思理論的中心論題是社會秩序之維持。因此，個人本身並不重
要，重要的是那受社會規範所約束下的社會角色。 也正因為沒有完全
不受社會影響的自由個人，社會無論怎麼運行總是朝着整合均衡方向走
的。派深思個人相信當時的美國社會很類似一個整合均衡的社會，是人
類社會的最進步的新領導社會。他的這種論調很適合戰後的美國學術界
心理，乃因而大受歡迎。

三、派深思學派之主要代表人物

筆者在前面提過，功能學理論之盛行雖然主要地是派深思理論之受歡迎。但是其之橫行美國社會學界三十年乃是派深思門徒之貢獻。在本節裏我們將簡略介紹這學派之幾位主要代表人物。

(一)墨 頓

派深思學派裏聲望最高者爲目前執教於哥倫比亞大學之墨頓(Robert K. Merton)。墨頓於一九一〇年出生於美國費城，一九三六年獲社會學博士學位於哈佛大學。其教授生涯始自哈佛大學，後轉至杜蘭大學，一九四一年轉往哥倫比亞大學任教迄今。其間，墨頓曾當選美國社會學會會長。

墨頓在社會學理論最大的貢獻是他所提出的中程理論 (theories of the middle range)。墨頓認爲派深思之理論過份繁雜，而且，過份野心。他指出社會學建造這種包容萬象理論之時機尚未成熟。因此，社會學的任務應該放在如何發展一些可以應用到實際研究工作的概念架構上的特殊理論，而不應急着去尋求包容全部的巨型理論。雖然如此，墨頓也不贊成社會學家終日在精細的實際工作假設上去鑽牛角尖。因爲此種工作之應用範圍太狹窄、太特殊，且缺乏理論應有之想像力。他認爲他所提出之中程理論沒有上述兩種理論之缺陷，但有上述理論所應有之優點。中程理論小可以實際驗證，大可以抽象處理。它是由一羣相關的小型理論命題所組成。它是介於方法論家所處理之工作假設與派深思所主張之巨型理論兩者之間的一種理論。

墨頓中程理論之主張使其理論不僅簡單易懂，而且具有實際驗證性。

也因此使得墨頓之聲望高得幾乎與派深思本人平行。正如史汀基坎布教授說的「在所有當代社會結構理論家之中，對驗證研究影響最大的應該是墨頓。因為學者們都認為，將墨頓有關社會結構的廣泛理論概念應用在研究人類行為模式，或其他變數相關的組合模式等工作假設上，是一件很容易的事。」

墨頓中程理論的應用最著名的是他對差異行為(deviant behavior)的研究。他指出個人會做出社會所不允許的差異行為可能是因為社會結構本身上就有問題。社會一方面鼓勵每一個人去爭取某一種社會所認定的目標，可是另一方面却制定種種限制不讓每一個人都能獲得該目標。在這種情況下，個人常超越社會所允許之尺寸而做出所謂差異行為。如果我們用一個在臺灣都很熟悉的例子來說明，也許讀者更容易瞭解墨頓的差異行為理論。

以大專聯考為例。在過去三十年裏，社會把大學學位看做是衡量一個青年優劣好壞的準則，社會鼓勵每一個學生都能進入大學。這是社會所認定之價值目標。但是大專學校學生名額有限，無法收容每一個高中畢業生。因此，訂定大專聯考辦法以決定錄取學生。大專聯考辦法乃成為社會所訂定之限制。 在這種情況下， 如果一個學生用功讀書， 參加大專聯考獲錄取進入大學就讀，則這個學生就是墨頓所稱的「遵從者」(conformist)，因為這個學生遵守社會所認定的方式 (大專聯考) 而成功地獲取社會所鼓勵尋求的目標 (進入大學)。如果一個學生想用作弊的方式進入大學，則他就成為所謂「創新者」(innovationist)。因為他創造出一套社會所不允許的方式(作弊)以爭取社會所認可的目標。如果一個學生參加大專聯考的目的並不是因為他想受大學教育，僅僅只是「我爸爸要我考」或者是「反正大家都考，我就考」的態度，則他是墨頓所稱的「形式主義者」(ritualist)，因為他只照着社會的要求去做，至於目標

何在，他並無興趣。另外還有一種人是墨頓稱的「退縮者」(retreatist)，他乾脆拒絕參加聯考，管他什麼大學教育，做人硬是不考，不進大學。最後一種人是「反叛者」(rebellionist)，這種人更極端，大聲呼籲廢除聯考或高唱學位無用論。墨頓指出除了第一種「遵從者」人以外，其他四種人的行爲都是違背社會規範的「差異行爲」。

墨頓另外一個貢獻是他的「反功能」(dysfunction) 的概念。他不同意早期派深思的看法，認爲社會制度的存在都是有功能的。他指出某些制度對社會可能有反功能，亦卽對社會是有害的。卽使是功能也有「顯出功能」(manifest function) 與「潛在功能」(latent function) 之分。前者是指明顯和有意安排的功能，而後者是看不見的或在無意中產生的功能。如果我們再以大專聯考爲例，則其顯出功能是爲社會挑選優秀學生接受大學教育，其潛在功能之一則是給社會一種公平的挑選方式，減少猜忌心理和個人之間的衝突。其反功能則是大專聯考因其方式制度化而可能抹殺了少數具有特殊才能的年輕人，影響社會的進步❼。

因爲墨頓理論之簡單明瞭，並且很容易被應用到實際例子上做驗證，因此有人說美國社會學之能有今日之規模，墨頓的貢獻最大。

(二)戴維斯和默爾

戴維斯和默爾 (Kingsley Davis and Wilbert E. Moore) 兩人都是派深思在哈佛大學的早期學生。他們倆人因於一九四五年聯合發表一篇「社會階層的某些原則」而成名。這篇論文使派深思的功能學理論推廣

---

❼ 有關墨頓之理論，請參閱 Lewis A. Coser, ed., *The Idea of Social Structure: Paper in Honor of Robert K. Merton.* N. Y.: Harcourt Brace, Javanovich, 1975. Robert K. Merton, *On Theoretical Sociology: Five Essays, Old and New.* N. Y.: The Free Press, 1969.

到社會階層的理論探討上。

派深思理論一直認爲在美國這樣的社會裏，職業是最重要的個人和社會地位的指標。因爲財富和聲望皆是依賴職業而滋生的。職業等級不僅代表個人的成就，也代表社會對個人成就的認定與酬賞。

戴維斯和默爾倆人以派深思理論爲出發點，進而推展出下列四個主要基本命題：

㈠每一個社會裏都有階層化的地位安排。

㈡此種階層化的地位安排乃是必需的。

㈢激使人們工作的動機乃是地位內的不同要求所致。

㈣地位的不同要求乃產生不同的酬報。

戴維斯和默爾相信沒有一個社會能沒有社會階層而生存。因此，社會階層對社會是有功能和有用的。他們指出一個社會如果要正常的操作，就必須把其成員安置在不同的社會地位上，也必須鼓勵他們去做該做的事情。因此，社會必須考慮到如何去激發適當的人才去做他們應該做的任務。也就是說，如何去獎賞酬報那些人，使他們認真做事。獎賞酬報的安排分配乃成爲社會秩序不可缺少的一部份，也是社會階層形成的原因。

戴維斯和默爾認定社會因此是不可能完全平等的。重要的位置必須由最合格的人來擔當。社會必須將人分成不同的等級。至於等級的決定，他們倆人認爲下列二個因素支配一切：

㈠功能重要性的不同。有些任務功能重要，有些則不是那麼重要。

㈡人才來源的不同。有些任務每個人都能擔任，有些則只有很少人能做。

戴維斯和默爾指出決定一個社會地位之高低，酬賞之多少必須考慮上述兩個因素，缺一不可。照理論來看，凡是功能重要性高的就應該給

予高的地位與獎賞。但是戴維斯和默爾提醒大家，有些很重要的任務卻只獲得很低的地位與獎賞又是爲什麼呢？因爲第二要素裏指出那些任務會做的人太多之故，無需給予高地位酬賞也有人出來做。舉例來說：檢拾垃圾的工人的工作不能不說是重要的，但是社會裏會做這種工作的人太多了。因此，社會無須高酬徵求這種人才，故其社會地位低。大學校長是重要的，而且能擔當這任務的人又少，故其社會地位自然高。

戴維斯和默爾更進一步指出，上述兩因素常因社會而易。一個地位可能在某一社會是相當重要的，在另一社會則可能不重要。人才來源亦常因社會不同而不同。某一種人才在這個社會裏可能很容易找，但是另一社會裏則可能非常缺少。因此之故乃有不同的社會階層制度。

總而言之，戴維斯和默爾將社會階層視爲一個市場體系，強調物以稀爲貴的觀念，社會用聲望及物質爲酬賞以吸引適當人才去擔當適當的職位。因此，社會地位是不可能完全平等的；社會階層是不可避免的❽。

(三)烈威、貝拉、斯美舍

烈威 (Marion J. Levy, Jr.) 成名甚早，現任普林斯敦大學教授。烈威從派深思的整合理論推出一套所謂功能必備條件論。他認爲社會如果要生存，就必須具備有下列條件：

㈠對人與環境關係的設施；提供生育新成員之設施。

㈡角色分化與角色指定。

㈢交通。

㈣同種的根源。

---

❽　戴維斯和默爾合寫的文篇是: Kingsley Davis and Wilbert E. Moore, "Some Principles of Stratification" *American Sociological Review*, Vol. 10 (April 1945), pp. 242-249.

㈤相同的目標。

㈥社會規範。

㈦情感表達方式的準則。

㈧社會化。

㈨有效控制差異行為之工具。

㈩適當的制度化。

烈威認為如果社會不能對上述必備條件做充分的運用與操作，則社會很可能導致其成員之消失或毀滅；也可能造成其成員對社會冷淡而不關心，終導致社會之毀滅；產生戰爭或敵對行為，每一成員只顧私利，導致混亂與毀滅；或為另一個社會所吞滅而消失。各種社會制度功能乃是在滿足社會必備條件之需求，並避免社會毀滅之來臨❾。

貝拉 (Robert Bellah) 的主要貢獻在宗教社會學。他的宗教進化論是從派深思理論為基礎而推演出的，這個理論後來轉而成為派深思研究社會進化過程的起點。貝拉對美國平民宗教信仰研究甚受重視。他同時也是研究日本現代化過程的權威。貝拉現執教於加州大學柏克萊校區❿。

斯美舍 (Neil J. Smelser) 亦執教於加州大學柏克萊校區。他對歐洲工業化過程之研究是相當有影響力的。近年來他致力於巨型社會變遷理論之發展。他指出研究社會變遷的學者應該注意四種主題：

㈠變遷環境因素：為什麼在某種環境裏，某種變遷會出現？

㈡變遷動機：那些因素和動機促成了變遷的產生？

㈢變遷的過程：變遷的方向是什麼？變遷的速度又是什麼？

---

❾ 烈威的主要理論是在："The Functional Prerequisites of A Society", *ETHICS*, Vol. 60 (January 1950) pp. 100–110. 及其書 *The Structure of Society*. Princeton. N. J.: Princeton University Press, 1952.

❿ 貝拉的主要理論是在 *Takugawa Religion*. Boston: Beacon Press. 1970. *Beyond Belief*. N. Y.: Harper & Row, 1970.

㈣社會控制的運用：社會使用那些方式來阻礙與控制可能的變遷？如何有效地運用這些社會控制？

斯美舍的另一個貢獻是在集體行為理論上。他的理論迄今仍時常被提及引用⑪。

雖然墨頓、戴維斯、默爾、貝拉、烈威、斯美舍等人都是派深思學派之大將，他們對派深思理論之發揚光大貢獻甚鉅。但是，我們也不應漠視另外其他一羣人數衆多的派深思學者及與派深思理論息息相關的功能學者。有了上述這幾名大將，再加上這羣分散各地的社會學家，派深思所代表的功能學派才能獨霸美國社會學界三十年。

四、派深思學派之沒落

在當代社會學家裏，沒有任何人比派深思更受到推崇，但是同時也沒有任何人比派深思所受到的攻擊更多。推崇派深思的社會學家讚其理論為正宗社會學主流，而派深思本人則是社會學最偉大的理論家。攻擊他的人則指其理論華而不實，大而不當。尤其是其文字生硬難懂，且常不知所云。

派深思理論最大的缺點是過份強調社會結構的重要性，忽視個人在社會互動過程中的重要性。攻擊者指出社會互動的主角是個人而非派深思所稱之社會角色；沒有個人必沒有社會。

派深思理論又充滿了色彩濃厚的保守主義。過份的強調整合與均衡

---

⑪ 斯美舍的主要理論是在 *Social Change in Industrial Revolution*. Chicago: The University of Chicago Press, 1959. *Theory of Collective Behavior*. N. Y.: The Free Press, 1963. *Essays in Sociologial Explanation*. Engliwood Cliffs, N. J.: Prentice-Hall, 1968.

的結果，迫使派深思忽視外界的一切問題與變遷。也因此，派深思理論具有烏托邦理想社會之色彩。攻擊者指出他的理論是象牙塔裏的幻想，沒有事實的支持與證明。

派深思理論強調每一個社會單元的存在，對社會都是有功能，有目的的。換句話說，沒有功能的單元是不可能存在的。功能論學者總是把社會制度不是解釋成有顯出功能，就是有潛在功能；不是有正功能，就是有反功能。事實是否如此，難以驗證。

派深思及其他功能論學者的這種保守的整合均衡理論在一九六〇年代中期開始受到抨擊，而於一九七〇年代更達到高潮。因爲從一九六〇年代中期迄今，美國社會顯露出無比的不安與混亂。種族紛爭、反越戰運動、吸毒問題、性開放問題、犯罪率升高、經濟衰退、失業增加等等都顯示美國社會並不像派深思學者所稱之整合與均衡。而派深思所代表之功能學理論又無法解釋這些問題之起源成因或提供解決之方案。

近二十年來，美國社會學界激進主義頗爲盛行。功能學理論已成爲社會學的瘡疤，是大家攻擊的目標。往昔人人皆以爲沾身派深思學派爲榮，今日却無人敢挺身自認爲其理論之忠心支持者。不僅如此，幾位當年功能學派的健將近年來也都轉移陣地另起爐灶。墨頓今已鮮談功能論轉而專攻科學社會學，戴維斯致力於人口學研究，默爾也自稱爲受改造過的功能論者。甚至於派深思本人在其晚年的理論都已含有濃厚的新進化論色彩，與當日之功能學理論頗有差距⑫。

---

⑫ 有關派深思理論及其學派之內涵，除了他們本人自己之著作外，其他的主要文獻可供讀者參考的有：Nicholas C. Mullins, *Theories and Theory Groups in Contemporary American Sociology.* N. Y.: Harper & Rows, 1973. Mark Abrahamson, *Functionalism.* Englewood Cliffs, N. J.: Prentice-Hall, 1979. Alvin W. Gouldner, *The Coming Crisis of Western Sociology.* N. Y.: Basic Books, 1970. Max Black ed., *The Social Theories of Talcott*

今日最受注目的理論是一種強調個人單位的形象互動理論(symbolic interactionism)。此外，衝突理論 (conflict theory) 在年輕的社會學家裏亦頗受歡迎。因為篇幅的關係，只好略而不談，以後若有機會，當為文介紹。

雖然派深思學派之陣容已無當年之盛況。但我們不得不承認這一學派對美國社會學發展貢獻是相當大的。翻開任何一本社會學書籍，我們可以發現很多功能學名詞都已廣為大家所使用，而成為研究社會學所不可或缺的詞句，臺灣對派深思理論之忽視是很可惜的一種現象。但願中國論壇的特刊能引起大家對這學派理論之注意。

（一九八〇年夏於印第安納州）

（原載於中國論壇一二一期，一九八〇年）

(續⑫)　*Parsons.* Englewood Cliffs, N. J.: Prentice-Hall, 1961. Benton Johnson, *Functionalism in Modern Sociology: Understanding Talcott Parsons.* Morristown. N. J.: General Learning Press, 1975. Richard C. Simpson and Herman Turk eds., *Institutions and Social Exchange: The Sociologies of Talcott Parsons and George Homans.* Indianapolis, Indiana: The Bobbs-Merrill, 1971. Jonathan H. Turner and Alexandra Maryanski, *Functionalism.* Menlo Parks, California: The Benjamin/Cummings, 1979. 以及筆者自著之社會學理論一書。

二　派深思之社會進化理論

　　派深思 (Talcott Parsons) 對社會進化之興趣可能讓某些社會學家感到驚奇，因為乍看之下，這似乎與其往日之研究興趣毫無關聯。其實，派深思此種對社會進化的興趣正代表着他以更深奧的方式囘轉到一個在年輕時他就有的問題。記得他早期的著作都是有關資本主義的發展。韋伯 (Weber) 對資本主義之出現於西方基督教社會而非在中國或印度社會整個過程中，宗教價值的角色之解釋給派深思印象頗深。他在本書裏（此處指派深思一九六六年之社會與一九七一年之現代社會之體系兩書之合訂本，由杜比改寫），對社會進化之分析修正並延伸韋伯之理論，使其不僅可用來解釋資本主義之出現，而且亦能解釋社會組織之起源至現代社會之發展。派深思從三方面來研討這艱鉅之任務：

　　(1) 在時間上他比韋伯追溯更遠。因為人類歷史記載差不多只有五千多年，他乃依賴考古學證據來安置他理論綱目裏的某些社會。至於早期的原始社會，他則應用人類學上的證據——基於一個合理的假設：澳洲的模琴社會 (the Murngin of Australia) 與蘇丹的希鹿克社會 (the Shilluk of Sudan) 的單純社會結構，可以告訴我們在社會進化之最初幾個階段的人類社會到底像什麼。

　　(2) 他所運用的主要概念是共享之象徵體系 (shared symbolic syst-

ems)， 亦即文化， 而非韋伯所用的宗教價值， 因爲宗教價值只是象徵
體系之一種副屬型式 (組成象徵, constitutive symbols)。 其他副屬型
式包括認知象徵 (cognitive symbols)、道德評價象徵 (moral-evaluative
symbols)， 以及表現與欣賞象徵 (expressive-appreciative symbols)。

(3) 他建立了一個在邏輯上比韋伯還嚴謹的社會變遷理論。它給變
遷之文化方向提供了一個導流模式 (cybernetic model)。 此模式強調四
種過程（即分化、適應升等、容納，以及價值通則化），澄清了韋伯理
論內宗教思想和現代化兩者之間的模糊關係。

一、行動論 (the theory of action)

共享之象徵體系（文化）是派深思用來分析社會文化與人類行爲之
主要概念。 早在他一九三七年出版之社會行動之結構一書裏， 他就已
說明過「行動」(Action) 的意義，以及此概念對了解人類行爲之用途。
派深思所謂之「行動」，係指人類在象徵界定下的環境內實現象徵界定
下之意向的一種企圖。 這個定義並非是革命性的。 事實上， 它使派深
思看來像是一個在顧里——米德——湯姆斯——布魯默 (Cooley-Mead-
Thomas-Blumer) 傳統裏的象徵互動論者 (symbolic interactionist)。它
應該是的；因爲行動參考架構 (action frame of reference) 與象徵互動
理論兩者之間並無重大之知識區別。此兩派理論皆堅持行爲對參與者之
意義是社會學了解之基礎。此意義乃是經由參與者對共享形象之共同解
釋而得。派深思通常並不被視爲象徵互動論者之原因，乃是因爲他在象
徵互動論之出發點上加蓋了一個複雜的理論巨廈，而且人們總不了解理
論與其出發點是不可分隔的。

對派深思來講,組織在體系與副體系內之行動是產生在環境裏。這些

環境不僅包括其他行動體系──亦即其他人種及其象徵意義的行為──
而且還包括兩種非行動之環境。其中一種是包括副屬人種與人類生理機
能非象徵部分的生理有機環境 (physical-organic world)。此即派深思在
社會行動之結構一書裏所稱之行動的條件(the condition of action)。此
等條件必須被控制或加以適應，並且在本文後節裏可見，派深思認為在
增進適應的動機是社會進化之主要因素。另外一個非行動環境是派深思
所稱之「終極的現實」(ultimate reality)，這是一個頗有形而上哲學味
道的名詞。他所指的並非是超自然的，而是社會以象徵方式來敍述那些
威脅到社會組織的意義的人類，生存經驗裏的曖昧、憂懼、悲劇等現
象。人類文化之基本大前提乃是為了應付社會裏的公平與不公平問題、
善與惡問題，以及機遇與命運等問題；它們乃構成了社會行動的規範
模式。大多數的理論家絕不會堅持把組織價值與非經驗之範疇混在一起
談，派深思之所以如此做，乃是為了邏輯上的考慮。他這樣地說：

　　　　「我們人類只有經由有機體才能知道物理世界之存在。除非我
　　　們經由物理過程和腦過程得有關消息，我們的心靈與外界物體是沒
　　　有直接經驗的。物體只有在心理知覺裏才成為行動的一部分。

　　　　「類似的考慮亦可以應用在高於行動之上的環境──終極的現
　　　實，以用來捕捉意義之問題──例如，邪惡與痛苦，以及人生之時
　　　間界限。視為文化之對象，思想乃是終極的現實的象徵代表（例如
　　　神明、圖騰、超自然界），但其並非是現實之本身。」

二、行動體系之分化 (the differentiation of action systems)

　　行動的概念是派深思理論之關鍵。這概念說明了為什麼他對某些行

爲有興趣，却對其他行爲沒有興趣。事實上，派深思對行動的解釋廣泛
得足以包括幾乎所有社會科學家所研究的行爲。因此，無動機之行爲乃
是惟一不被行動這概念所包括在內的人類行爲，此卽指血液循環與眼睛
眨合等動作，甚至於像打噎、啼哭、飲食等，如果是用來傳達意思的
話，都包括在派深思所謂的行動內，此等行動通常亦眞的是用來傳達意
思的。如果一位像金賽 (Kinsey) 博士那樣的性學家堅持計算性高潮次
數只因爲人的性交和猥的性交一樣並不產生意思傳達，派深思的回答是
人的行爲是不能沒有意義的。人的性交和猥的性交兩者之間的差異，正
如語言交通和吠狂嚎叫兩者之間的差異。

　　至此，派深思的行動理論並未脫離象徵互動理論。派深思開始脫離
象徵互動理論之轉捩點，是在他的行動體系之「分化」(differentiation)。
行動體系之分化所指的是什麼？　在他的「行動之普遍理論」(general
theory of action) 裏，他指出行爲具有四種顯著而由象徵組成的重點特
質：(1) 心理滿足之尋求；(2) 求解象徵意義之興趣；(3) 適應物理有
機環境之需求；(4) 與其他人種來往之企圖。這四個傾向特質在我這樣
的敍述裏，似乎沒有什麼可以爭議的，但是當派深思加上了四個標籤時
——人格體系 (personality system)、文化體系 (cultural system)、行爲
有機體 (behavioral organism)、社會體系 (social system)——有些社會
學家變得有點不自然。他們害怕派深思可能改變了這四種分析概念之結
構成分，他們看不出來一個文化體系如何能缺少人格體系、社會體系或
行爲有機體而單獨存在。

　　派深思同意他們的憂慮。他明白地否認這四種行動體系的任何一種
能脫離其他體系而單獨存在。它們僅僅只是有意義的人類行爲可能朝着
的四個方向。正如圖一裏所暗示的，派深思並不相信它們在每一個社會
裏的存在皆是一樣的。社會進化——派深思最近改稱爲行動進化(action

evolution)――理論之一部分指出在初等社會組織裏的分化傾向是較不發展的， 而在現代社會則發展較遠。 就以文化體系爲例來說明。 派深思認爲從最原始的到最進步的社會裏都面對着詮釋世界的問題， 以及出生、死亡、舞蹈、崇拜等人的活動的問題。但是在現代社會裏、文化和副屬文化不僅已相當發達而且相當特殊化得足以控制這些問題。奧格朋 (William F. Ogburn) 將其社會變遷的理論建立在不斷革新滋長的工藝技術上。事實上， 現代社會裏工藝技術以複利式的速率增長之原因， 並非是因爲發明會自動培養出新發明，而是因爲當科學與工藝之基礎擴大時， 人們比較能夠推想新工藝技術之間的關係。 同樣的道理， 把社會學視爲文化體系――指那些有關社會體系裏之過程和結構之思想的體系――現自亦有其勢頭。如果沒有一個含有人格及其相關的行爲有機體組成之社會， 則社會學無法繼續被視爲一個有功能的文化體系。 雖然如此，在現代社會裏，社會學已分化得比模琴社會裏的文化體系更有自主性。

　　讓我們考慮普遍行動體系之分化之一個應用：文化和人格能夠抨擊它們的社會， 這在分化不夠的社會裏是幾乎不可想像的 。 在現代社會裏，人格體系之操作是相當不受制於社會、文化、有機體系的。這是派深思用來解釋西方社會之個人主義的方式。現代個人主義之獲得是有代價的： 人格體系和文化體系之間以及社會體系與文化體系之間的關係更形緊張。與較原始的社會組織相反，現代社會裏從文化體系所賦予之意義較不可能給人格一種導向和認同之意識，也較不可能給社會體系加以合法化。換另外一個方式來說明， 普遍行動體系之分化需要一個複雜的整合過程。認同的危機與迷亂是這些分化了的行動體系之間的不妥當的整合之症狀。

　　正如圖一所明白指出的，派深思認爲普通行動層次上之社會進化是

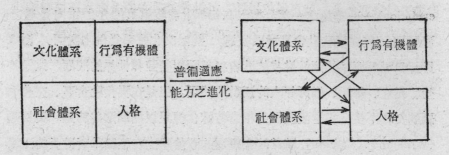

圖一　普遍行動體系之分化

由人格體系、文化體系、社會體系、行為有機體之間不斷增加的分化所
構成的。但是這僅僅是他的行動進化理論之一部分而已。在本書裏，他
也不過是偶而提及，並未細論。他的主要興趣是社會裏的分化過程——
因為社會是在應付環境的所有社會體系裏最接近自給自足的一種。社會
裏之分化過程是由不斷增加特殊化的功能所構成，此特殊化亦可在普徧
行動體系裏看見。與文化體系之自主性增強平行發展的是一個更清晰分
化的模式維護體系（pattern-maintenance system，其中之一是家庭從個
人成員之經濟政治參與中分出而成為一個社會化之機構）；與人格體系
之自主性增強平行發展的是一個更明顯的政體；與行為有機體之自主性

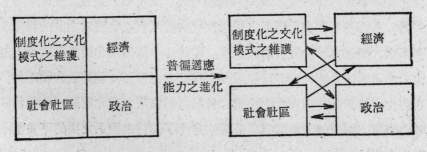

圖二　社會之分化

增強平行發展的是一個更顯的經濟；與社會和社會體系之自主性增強平行發展的是一個整合的副體系（integrative subsystem）——派深思稱其為社會社區（societal community）——的更特殊化，此整合的副體系負有維護社會團結之責任。圖二即說明此種社會副體系之分化。

三、什麼是社會？

至此，我們應該說明清楚派深思對社會之概念。記得在前面他把社會體系視為人類行為的四個分析部門之一——更清楚地來說是指那個協調相互反應的行動者的體系。大多數的社會體系——地方社區、學校、工廠店舖、家庭——都不算社會，而只能算是社會之一個副體系。他把社會視為社會體系之一特別形態，具有對其環境的高度自給自足性。對環境之自給自足係指與其他社會體系相較之下，其較不受環境之支配，雖然社會是依賴在其環境之上的。換句話說，社會能夠相當成功的控制其與環境之交換，以用來推廣社會之功能與社會之生存。讓我們在此檢討其與每一個社會之各類環境之相對自主性：

（1）物理有機環境是社會用來滿足其成員之需求的資源的來源，故必須加以控制或適應。對物理有機環境之自給自足，係指有效的控制經濟和工藝技術以獲取食物和居處。從食物和居處之供應來看，家庭是比整個美國社會較不夠自給自足的。

（2）社會成員之人格之所以成為環境之一部分，乃是因為社會必須能夠信賴其成員對社會運行有所貢獻。正如社會必須假借工藝技術以控制物理有機環境一樣，它必須控制其成員之人格，使大多數的人格可以在社會裏擔負角色而不遭受過分之緊張壓力。如果大多數的人格有着激烈的隔閡，則此社會不能算做自給自足。經由社會化過程所塑造的人格

（主要地是在家庭內），所有的社會都能保證有一個其所認可的人格環境。社會化的結果之一是人格學習到了參加社會所許可的行動模式所應有的適當動機，並以此等內涵了的規範幫助社會秩序問題的解決。從人格方面來看，派深思認為美國社會是較一些如學校或商業機構等較小的社會體系更能自給自足。

（3）社會的象徵環境（文化），包括那些界定社會之集體認同（collective identity）與價值概念之經驗知識、情緒表達象徵體系（expressive symbol system），以及宗教思想與儀式。對象徵環境之自給自足係指文化體系對社會制度加以合法化。足夠數目的社會成員予價值和文化等其他象徵有所承諾，致使社會學者能夠推論出制度的合法性具有充分程度之一致性。當然，沒有任何社會體系是可以給本身加以合法化的。所有的社會體系都必須從較大之文化裏求取它們的規範之合法性。但是因為包含在制度內的文化因素在社會化過程內已內涵在人格裏，一個社會因此比其他較小的社會體系較能獲得合法性（legitimation）。

（4）社會的社會環境，包括其必須對付的所有周圍的社會體系。其他的社會雖然很明顯的也是社會環境之一部份，但是一個社會之社會環境是包容較廣泛的。某些社會體系超越社會的界限（例如羅馬天主教會），某些社會體系雖然被全部包括在一個社會裏，却必須能適應如幾百萬家庭、學校、政府機構，以及美國社會裏的自願社團。對社會環境之自給自足意指：①明確認定誰是該社會之成員，誰不是；②社會成員之間應比成員與非成員之間存有較強之聯繫性。雖然一個小型的社會體系並不難做到這兩個準則，但在較大型的社會體系裏却是相當難以達成的。派深思以社會社區（societal community）這名詞來表達這兩種條件。派深思認為社會社區內之問題是一個社會所面對的最嚴重的問題。

四、進化之突破 (evolutionary breakthroughs)

雖然從定義上來看，社會是比其他社會體系更能控制環境，但是有些社會對環境之控制則較其他社會更有效。對派深思來講，控制環境能力之增長是解釋社會進化之原因。當派深思談普遍適應能力之增長時，他意指社會對環境控制之增長。但是派深思所做的遠超過於單單給引導社會變遷之原則加以定義，他試圖指出主要的幾種進化激素，每一種向前邁進之激素乃構成解決某一種環境問題之辦法。換個方式來說，每一個解決辦法代表一個進化之突破。派深思從社會功能要件之理論分析和考古學、人類學及歷史學上所獲得之證據這兩方面來指明那些突破。

根據派深思之看法，最早的幾個突破之一是社會階層體系 (a system of social stratification) 之出現。階層？為什麼把社會分成有權勢和無權勢兩階級，會增強其普遍適應能力呢？派深思從理論上來回答這問題。一個由無數親族網而非階層層次安排所組成的社會，在利用環境資源上是相當有限的。在處理軍事威脅或全國性之危機時，沒有人能有足夠的聲望出來領導，即使是一個具有特殊才能之神格人物 (charismatic member) 出來當領導人物，也無法統御那些用以新計畫所需之資源。簡言之，在一個以親族為基本之組織原則之社會裏，親族之考慮總侵犯了資源之每一種分配。

派深思是在提醒大家一個常被人忘却──甚至於被階層問題專家所忽略──的階層問題，即階層增加了人力和非人力資源之運轉高過於在親族體系內所可能運轉的層次。對那些認為此種資源運轉所付的代價太高的利他主義者，派深思的回答是他並非在討論社會進步 (social progress)，而是社會進化。因為進步是由觀察者之價值所定，而社會進化

則是在普遍適應能力之增加與否。因此在解釋一個早期之突破時，派深思把自己的社會進化理論從十九世紀那些未能分清科學和價值問題兩者之差別的理論中脫離出來。

當社會階層一出現，也就是當社會地位之決定遠超過生物關係（親族）之考慮時，經濟、宗教或政治活動責任就可能被集中一起。但是在此集中一起眞正發生之前，第二個進化的突破，必須要有廣泛的文化合法化。廣泛的文化合法化係指文化體系從社會裏明顯地分化出來，致使文化體系能給社會權勢和聲望之不均等加以認可。此看起來可能不算是一個突破，因爲我們太熟悉於文化和社會體系之分化了。但是派深思辯稱行動的社會和文化部份在原始社會裏是緊緊關聯的。一直到用一些描述財富、聲望、權力等之合法的神話來打破此種關聯之前，進化之發展需要很長的時間。要注意的一點是派深思並不認爲這一文化突破是不可避免的，但是如果進化要向前邁進的話，廣泛之文化合法化就必須發生。派深思辯稱，一旦其眞的發生時，則其會與文字之發展一併發生。派深思在這時候乃開始講述中等社會 (intermediate societies) 而非初等社會 (primitive societies)：

> 「文字語言是一個社會脫離初等社會之重點。文字語言不僅增加社會和文化之間的分化，而且擴展文化之控制力。以文字表達的一個文化之形象內容，能夠被具體化在一種與實際互動內容無關的形式裏。在這種情況下，時間上和空間上較廣泛之文化傳播乃有可能。它啓發了傳播現象——即將信息傳給一羣未知的聽衆，傳給那些懂得語言文字的人。一個信息之適當性是沒有時間限制的。只有有文字的文化才能有歷史，基於史料之記載，人們對過去發生的事件，才能比個人之記憶和口頭上的傳說知道得更多。」

> 「文字語言和文件之供應有助於穩定許多社會關係。例如一個

契約合同不依賴在雙方或證人之記憶力，却可以用文字來記憶，以供必要時查證之用，此等穩定是增加許多社會組織內容之一個條件。文字同時也具有伸縮性並且提供革新之機會，不論古典文件如何常被用來建立一個嚴謹的傳統主義，官方的正確記載之供應，使對有關的文化問題之批評分析變為可能。如果文件已成為某種行動之規範，則如何在應用情況下實際去實施它就成為問題。文字記載是累積文化發展之基礎；它們便得因革新所產生的差異能夠比用口頭傳說單獨敍述較能清楚地被界定。簡言之，文字語言使文化體系從較受局限的社會的情況裏解脫出來。」

派深思把古埃及、米索布達美亞、中國、印度、伊斯蘭帝國，以及羅馬都算做中等社會。正如韋伯一樣，他想知道為什麼這些社會雖然在進化量表上有無可否認之成就，却和現代社會有質的差別？雖然他敍述了幾種必須的突破——職位權威之制度化(the institutionalization of the authority of office)、市場機能之使用以動員物質資源(the use of market mechanisms for mobilizing resources)、普遍化的法律秩序(a generalized legal order)，以及民主之組合 (the democratic association)——但是他似乎認為一個普遍性的法律秩序之發展為現代化之一獨特標誌，他說：

「法律使得社會結構裏之規範成分從政治和經濟利益之困境裏脫離出，也使其從個人、有機體，及物理環境因素裏脫離出。一個理論性問題是何種法律之制度化使得中等社會轉進入現代社會，此法律之組織必須是建立在普遍性之原則上。這一條件使得泰木笛法和古伊斯蘭法不能算為現代法，因為它們缺乏韋伯所稱之正式的理性 (formal rationality) 之普遍性。現代法律亦必須注重與實質令狀及標準有別之程序因素。只有在程序為重之基礎上，該體系才能處理各類各樣之情況和案件，而不受某種特殊解決方案事先承諾之干

擾。」

古希臘和古以色列是此種普遍性法律秩序之兩個來源——雖然因為歷史情況逼使它們的社會破滅，以致無法應用此發明。它們提供現代社會進化所必需之文化遺產——派深思稱其為苗圃社會 (seed-bed societies)——但是此種文化遺產一直到一千年以後才被容納入一個進行中的社會制度結構裏。派深思因此再次提醒我們條件情況 (conditioning circumstances) 和文化導向兩者間的交互影響；不過他並不認為進化過程是頑固不變的。希臘和以色列播種了何種種子呢？一個道德秩序之觀念，在以色列，道德秩序是上帝所賦予的；在希臘，則較民俗化，道德秩序存於自然裏。但是二者則明言，普遍原則優於那些干擾一個有原則的規範秩序出現的政治利益的特權階級及親族種族關係之特殊主義。派深思認為英國的平民法含有此種普遍性質的觀念，因而為現代化之可能性打開了一條路：

「一個普遍性法律體系是由一羣普遍性的規範組成的一個整合體系，可應用在整個社會而非社會的一小部分，有高度普遍性的原則和標準，並與那使社會規範秩序合法化的宗教機構及政府內的特權階級有相當程度之獨立性。」

讓我們想一想派深思到底把我們帶到什麼樣的地方了。他對社會階層的出現、廣泛文化合法化的出現，以及一個普遍性法律體系的出現等的討論，同時也是對成就和普遍性代替傳襲和特殊主義而成為組織社會之原則的討論。他對其他進化的突破的檢討也是朝這同一方向進行的。以他對錢幣和市場體系的討論為例來講，每一個社會都必須動員其人力和非人力的資源來應負其賦有之任務，只有三種方法可行：第一種是政治脅迫、軍事徵調或由國家收購財產；第二種是求助於特殊性的忠貞分子——有助於一個家庭、鄰居或同胞；第三種是以普遍適用的媒介物

（錢幣）在市場裏公開叫價以收買必需的資源。非市場方式的資源動員的缺點是社會內常會有隔閡。脅迫總是總是受人唾棄的，而求助於某一羣特殊分子，則逼使人們選擇一邊靠攏，即使每一邊都是重要的，對某一邊的忠貞就可能是對另外一邊的不忠。另一方面來講，市場則將資源從傳襲和特殊主義的根底裏解放出來；資源的使用不致於破壞社區的團結。因此，派深思強調當其他因素相等時，一個以錢幣體系經由市場來動員資源的社會，比一個僅有非市場之資源動員方式的社會有較高的普遍適應能力。

　　他以同樣地方式去解釋爲什麼職位權威的制度化是朝向現代化的另外一個突破。他說：「職位（office）意指把職務的角色從這個人的其他角色解放分化出來，特別是指從他的親族角色分化出來。」每一個社會都給某些人安置權利（right），以代團體或社會做決定。而此替團體做決定之權利亦卽此處所稱之權威（authority），但是在現代化之前的社會裏，權威常是建立在一些與謀取社會目標之利益毫無關聯的生物或關係等傳襲因素上。一個國王之所以爲國王，只是因爲他的父親是國王，職位這概念乃使權威從這種傳襲性的限制解放出來。正如在他之前的韋伯一樣，派深思是反對那些批評官僚式的無能的思想潮流。派深思相信，行政上的官僚制度因已制度化，在潛能上是比現代化之前的權威更有效率的。他說：

　　　　「當實行大規模有組織的作業的能力是重要的時候，例如，大部隊的軍事作業、水的管制、稅徵行政、大量異質人口的管理，以及需要大量成本投資和人力的生產企業等，能有效運用官僚組織的單位是比那不能運用官僚組織的單位強得多了。它是建立在因階層和特殊合法化所造成的廣泛解放中的特殊化基礎上的。」

　　職位權威的發展是一個進化的突破，乃是因爲它使權力之使用有較

大之伸縮性。權力運轉之伸縮性並不一定意指社會必有較高的適應能力，但是當其他因素皆相等時，它可因爲政治機會的開放給一大羣未來的領袖的原因而獲得此結果。用另外一種方式來說明這一點，職位權威之制度化創造了一個以往並不存在的流動性的象徵權力體系。派深思因此來強調權力和錢幣之間的類似（當做現代社會裏角色扮演者交換用的形象媒介）。不過，很遺憾的是這却使那些不很熟悉派深思對權力和權威所下的特別的定義的人增加不少困擾。權威是地位的一部分；它是使用權力（power）的權利。權力本身在現代社會裏流轉：它是動態的，權威則是靜態的。投票的過程率涉到權力的轉移；投票的權利用來挑選領袖是政治權威定義之一部分。

這樣的定義和社會學文獻上對權力和權威的傳統定義有所不同。但是當我們把它與派深思理論的其他部分連在一起討論，則它們有助於說明爲什麼派深思也把民主政治（democratic polity）看做一種進化的突破。第一，派深思強調權力的集體（collective）部門，它是權力所賦予，用以完成社會某些重要任務之機會，而非權力的分配（distributive）部門，它是權力賦予 A 以壓抑 B 的機會。很顯然地，一個以溫和的詞語來討論有效獲取社會目標的權力的理論家會不理睬另一個整天擔心弱肉強食的理論家的。緊跟着這點有關的是他的第二點，派深思拒絕把權力看做全是脅迫的或全是一致同意的，他堅持權力兩者皆有。他這種堅持跟他在社會行動之結構一書裏所談的一個問題是有關的；即涂爾幹（Durkheim）所聲稱的，雖然社會事實（social fact）在集體的層次上有自願的成分，却是外在的（exterior）和約束性的（constraining）。用一個很平凡的例子就可以說明清楚這一點，假設我問一個男學生爲什麼他穿褲子而不穿短裙或禮服，他會告訴我他沒有選擇的餘地，因爲他如果穿短裙或禮服所帶來的社會批評攻擊，將是難以忍受的。如果我更進一步問他，當他今

晨把褲子穿上時，有沒有一種被壓制的感覺，他會說他從未做如是想，因爲他自己的喜好，正好與社會之規矩一致。但是派深思告訴我們，它們並非正好一致。從集體層次上看是一種自願的規範承諾，例如穿褲子，對某些人來講却可能是一種強迫的苟同，至於它是否是強迫性的，則要看他們對社會要求男的穿褲子的規範的一致贊同性程度如何。幾年以前，瑞士社會規定在某日某時人們從左邊駛車改爲從右邊的例子，可說明這種關係，用以改變此集體承諾花了很長的一段時間。瑞士是一個民主國家，而此種改變不僅與旣存習慣相違，而且花了納稅人不少的金錢去實施。雖然如此，旣然政治過程已做了此項集體決策，那些繼續靠左駛車者，乃會受警察之強制執行——就像靠右駛車者以往被強制執行一樣。

這種個人與集體層次之間的差別，可用來說明爲什麼權力是一致贊同的，同時也是強制脅迫的。在定義上來講，權力運用者有權利和義務在執行共同決策時施予懲罰。如果美國社會大家都同意行車最高時速是55哩。如我因個人理由超速開車，則我可能被合法地強制懲罰，而且不管我對收到的警察超速罰單如何不喜歡，有時候我甚至會覺得是自作自受的。這些例子與派深思把民主政治看作進化的突破到底有什麼關聯呢？派深思指出社會愈是大而複雜，愈更需要將其普遍性的法律秩序加以合法化。而且民主政治經由其被選出之領袖與其全部成員而將權力的一致贊同部分和強制脅迫兩部分更能連接一起。如果派深思是正確的話，則民主政治具有較高度的普遍適應能力的潛力，因爲它的四種特點使達到一個廣泛根基的贊同更爲可能。這四種特點如下：

(1) 民衆投票選舉領袖。

(2) 將社會裏一大部分的成人人口參與集體決策之機會予以制度化。

(3) 將選舉過程、選舉結果之揭曉，以及候選人競選規則等程序規則加以制度化。

(4) 將政治內類似自願參與的機會加以制度化。

五、現代社會的包容性的社會社區 (the inclusive societal-community of modern societies)

派深思指出民主和工業革命的後果之一是削弱了早期現代社會裏的傳襲架構 (the ascriptive framework)；從君權政治轉變到立憲政治；貴族集團亦失却其政治權力；國家的公民權和代議政府傳播四方；普遍性的法律體系更變得理性化；居處社區轉變得更組合化而非傳襲性的；工廠制度把家庭和職業系統之間的傳襲聯繫予以粉碎；宗教失去了國家教會地位之保障，各種教派亦邁向自願團體的地位。

在傳襲架構開始削弱之同時，進化的過程亦使一個社會之副體系分化成另一個新的副體系。因此，工業革命使經濟從政治中分化出來，民主革命則使政治從社會社區中分化出來，他對後一點特別強調。社會社區是「將人民的生活集體組織起來的模式規範秩序」。社會社區並不一定要與其人口成員完全一致，每一個社會總包容着一些尚未被完全接受公民權的人，外移進來的工人和市中心區的貧戶都是美國社會社區的次等國民，但是派深思的進化論指出，現代化之前的社會裏所完全被容納接受的公民要比在現代社會裏百分比上小得多。換個方式來講，現代化之前的社會很難發展出一個大的公民根基，其困難原因之一是因為傳襲障礙使許多人不分清白的被認為卑劣。當工業和民主革命削弱了傳襲的限制，當社會社區從以往的經濟政治活動裏分化出來時，一個突破的可能性開始出現。為什麼不包容每一個人呢？

　　派深思辯稱，由於美國種族和宗教的複雜，此種包容每一個人的可能性的邏輯比在其他現代化中的社會裏更能引人注意，其結果是此種包容過程的急速推行。愛爾蘭人、義大利人、猶太人，以及最近時期的有色人種等的少數民族，都朝着完全參與的方向邁進。如果派深思是對的，如果這眞的是在發生，那麼爲什麼還有那麼多的知識分子仍然對美國寒心？爲什麼還要埋怨貧窮、社區之破壞、權勢集團、道德敗壞、官僚政治、學生擾亂不安等呢？派深思從兩方面來回答它們：

　　第一、他檢討除了社會社區以外的其他三個社會的副體系，並未發現適應能力的敗壞。在信託的副體系 (fiduciary subsystem) 裏，他看不出來道德的敗壞，却看到一個由文化體系加以合法化的價値承諾的更具伸縮性的應用。在經濟方面，他找不到貧富差距的增大與勞資兩方的疏遠，却看到一個無法用馬克斯論調來歸類的專業和白領階級團體的滋長。在政治方面，他找不出權力集中的跡象，却發現權力分散到選民手中並受否決團體 (veto groups) 之監視。

　　第二、他認爲對政府、經濟，以及信託副體系之錯誤的攻擊，乃是由社會社區的排除問題 (problems of exclusion) 來，是無傷大雅的。排除只是極少數，且在減少中。但是因爲相對壓抑的影響，其所剩下來的却顯得更痛苦。破壞傳襲架構的結果，使任何不能達到平等之結局難令人信服。然而，成就却又導致新的不平等。局部性排除的苦痛可能直覺地感覺對政治、經濟或道德的不滿，但是此種病痛的眞正來源，則是在於一個以成就爲主的社會社區上的均等主義思想的壓力。均等主義的壓力可見於呼籲社會團結、參與民主政治、消除種族歧視和貧窮等之上。但是困難的問題是如何去把平等的觀念和一個有效率的經濟、政治，以及科學研究裏必須有的階層角色結構兩者融洽一起。教育革命將以工藝能力爲基礎的階級差別，加以合法化的結果，可能有助於此種融洽。教

育革命是與專業的興起緊緊相關的，它從大學中心裏將有影響力的思想觀念帶到職業和政治的體系裏。由於專家權力比傳襲權力較有準則，教育革命可經由一種新的階層的合法化來幫助社會的整合。以成就而定的階層，一定要有均等的機會（要有公平的機會），而且那些在經濟上、文化上和政治體系上擁有較高地位的人，也一定要有較強的責任（政治上的責任可見於官員以政績來競選連任）。

六、結　　論

我們很難說社會進化這觀念的時機終於來臨。許多社會學家會說它源自十九世紀，並與斯本塞 (Herbert Spencer) 同時消逝。雖然當代社會學較喜歡談論目前發生事件的解釋，而不喜歡談長期趨勢的解釋，派深思却在這裏試圖給進化論注入一新的生命。因此，許多社會學家——不止是那些偏激的社會學家——無法提起興趣討論一個與目前的煩擾無關的社會變遷理論，不談最近的戰爭和下次的總統競選。派深思對長時期觀點的注意力，顯得他似乎對現況頗為滿意。正如凱因斯 (Keynes)指出的，就長期而言，人總要死的。但是派深思的社會進化理論並不是一種認為進步是不可避免的說法的翻版——雖然此種論調在他談文化和社會革新裏已予涉及。他有這種論調是因為他知道很多社會並不能面對這挑戰。派深思理論的流傳上，又遭遇另一個障礙；它聲稱只重視階段的前後次序，而非一個社會階級進化到另一個階級的詳細過程。派深思之未能處理這過程，在一些有社會心理學興趣的人來看，是其理論的一個嚴重的缺陷。

另一方面來看，派深思並非是對社會進化有興趣的惟一社會科學家。著名的心理學家坎貝爾 (Donald Cambell)，在他的美國心理學學會主席

演講裏，就以社會生物學 (sociobiology) 與人類社會的道德發展之關係
爲主題。坎貝爾認爲進化的基因和他自己的研究專長的實驗心理學 (ex-
perimental psychology)，是無法測量那些維持社會秩序必需的社會上有
用但却犧牲個人的利他主義 (altruism)；他考慮到宗教和倫理傳統以維
持社會的生存的可能性。簡言之，派深思所討論的這基本知識問題，正
逐漸引人注意，而且應該也有人有志於把進化的理論應用到現代化的實
際問題上；如果沒有經濟和社會的發展，這地球上四億人口的一大部分
的人的前途是暗淡的。派深思理論可能成爲意外地適當的。

譯者後記

在一九五〇年代和一九六〇年代初期，美國社會學是派深思社會學
獨霸的時期。派深思學派學者 (Parsonians) 遍佈全美各主要大學社會學
系，其所代表之功能學理論，亦被認爲是「標準美國社會學」(standard
American sociology)。因此實際上要想瞭解美國社會學之發展歷史，不
能不了解派深思的社會學。本譯文所牽涉到的是派深思晚期的兩篇著作
——一九六六年出版之社會 (Societies) 與一九七一年出版之現代社會體
系 (System of Modern Societies)。 因爲派深思著作之文字生硬難懂，
出版者乃委請拓比教授將此兩種著作改寫合編成一册，題爲社會之進化
(The Evolution of Societies)。 本譯文派深思之社會進化理論 (Parsons'
Theory of Societal Evolution) 是拓比在該書第一章所寫的導論，其目的
在於提供讀者派深思進化理論之主要架構。雖然如此，本譯文內容乃牽
涉到許多派深思基本理論之專有名詞和概念，玄虛難懂。一九七九年譯
者由臺北三民書局出版之社會學理論一書之第三章「功能學派(一)：派
深思與結構功能學派」對派深思理論詳加介紹，可供讀者參考之用。

（原載於正中譯叢第一輯，一九八〇年）

參 考 文 獻

Benedict, Ruth, 1934, *Patterns of Culture*. Boston: Houghton Mifflin.

Campbell, Donald T., 1975, "On the conflicts between biological and social evolution and between psychology and moral tradition". *American Psychologist* 30:1103–1126.

Kinsey, Alfred C., Wardell B. Pomeroy, and Clyde E. Martin, 1948, *Sexual Behavior in the Human Male*. Philadelphia: Saunders.

Kinsey, Alfred C., Wardell B. Pomeroy, Clyde E. Martin, and Paul H., 1953, *Sexual Behavior in the Human Female*. Philadelphia: Saunders.

Miller, Walter B., 1958, "Lower class culture as a generating milieu of gang delinquency". *Journal of Social Issues* 14 (no. 3): 5–19.

Ogburn, William F., 1922, *Social Change*. New York: Huebsch.

Parsons, Talcott.

1928, " 'Capitalism' in recent German literature: Sombart and Weber, I." *Journal of Political Economy*, 36:641–661.

1929, " 'Capitalism' in recent German literature: Sombart and Weber, II." *Journal of Political Economy*, 37:31–51.

1930, Translation of Max Weber, *The Protestant Ethic and the Spirit of Capitalism*. London: Allen and Unwin; New York: Scribners.

1937, *The Structure of Social Action*. New York: McGraw-Hill.

1951, *The Social System*. Glencoe, III.: Free Press.

1964, "Evolutional universals in society". *American Sociological Review*, 29 (June): 339–357.

1966, *Societies: Evolutionary and Comparative Perspectives*. Foundations of Modern Sociology Series, Alex Inkeles (ed.), Englewood Cliffs, N. J.: Prentice-Hall.

1970, "Equality and inequality, or social stratification revisited". *Sociological Inquiry* 40 (Spring): 1-71.

1971, *The System of Modern Societies*. Foundations of Modern Sociology Series. Alex Inkeles (ed.), Englewood Cliffs, N. J.: Prentice-Hall.

Toby, Jackson, 1971, *Contemporary Society*, rev. ed. New York: Wiley.

Turner, Jonathan, 1974, "Parsons as a symbolic interactionist: a comparison of action and interaction theory". *Sociology Inquiry* 44: 283-294.

Watson. John B., 1925, *Behaviorism*. Chicago: University of Chicago Press.

Webet, Max, 1964, *The Sociology of Religion*. Boston: Beacon.

三　比較社會學之性質與範疇

最近幾年來，比較社會學 (comparative sociology) 已逐漸在美國社會學界裏受到重視。不僅幾個主要的大學社會學系皆有專門學者負責講授比較社會學理論與方法，而且許多普通社會學教科書裏都已大量採用比較社會學之研究結果，增進和擴大學生之眼界。雖然如此，對於比較社會學之性質與範疇一直到今日仍然是一個爭論的題目。

本文的目的是希望對比較社會學之研究主題和方法作一有系統的介紹並兼論其對未來中國社會學理論建造之可能貢獻。本文首先將簡述比較社會學在早期傳統社會學之源流，而後繼之論述四種主要的比較社會學方法之範疇與其所面臨之技術難題。最後我們將以西方比較社會學家對中國現代化研究爲例來討論中國社會學未來發展之途徑。

一、比較社會學之傳統

社會學家利用不同的社會裏的資料來做比較研究和分析由來已久。翻開社會思想史的論述，我們甚至可以追溯到古希臘哲學家亞里斯多德之思想裏找到比較方法論之運用。不過嚴格來講，對於比較社會學研究之廣泛應用則是在十九世紀初期。在這一段時期內，我們可以發現許多

有關地理、哲學、語言、政治和法律之比較研究。古典進化論是此一時期的代表理論思想。進化論學者相信所有的人類社會終要從單純融洽的階段進化到複雜異質的階段。此一時期的主要研究步驟包括：(一)應用當時已有之科學知識來建立理論；(二)以有關其他社會之資料或記錄來旁證已建立之理論。

此種比較性的研究更因西方殖民主義的拓展而受到更多的重視。西方社會科學家對外來文化的好奇心 再加 上政府爲 統治 殖民地所做的調查，使得比較研究逐漸成爲十九世紀西方社會和人文科學的主要研究方法之一，而以涂爾幹和韋伯的論著所帶來的影響最爲重要。

涂爾幹認爲社會學必須利用其他社會科學已有的知識才能充分瞭解社會。社會現象的解釋必須同時着重於社會制度所賦有的功能與其以往的歷史發展過程。涂爾幹認爲社會學家必須應用歷史資料，因爲現在的社會很快的就成爲歷史的一部份 。 社會學家也必須 應用 人類學研究所搜集的資料，因爲社會學的普遍理論必須注意到各種不同類型的社會型態。他說：比較社會學並不是社會學裏面的一個分枝，比較社會學就是社會學的全部。沒有比較資料就沒有社會學。

涂爾幹將此種綜合人類學和歷史學之比較研究法應用在宗教、經濟結構、社會整合以及社會變遷之研究上。在他的自殺論裏，他一方面應用歷史資料來說明同一社會裏，不同時期內所顯示之不同程度的社會整合及不同數目的自殺案件；他另一方面亦使用統計資料和人類學觀察結果來說明自殺案件數目因社會不同而不同。涂爾幹的比較方法主要的目的在於證明其理論的普遍性。他的基本理論指出每一個社會的整合程度都有所不同，因此自殺案件數目自然亦會有所不同。比較資料的應用是用來說明這基本理論之普遍通用性質。

韋伯之比較社會學 理論所牽涉 到之範圍遠 較涂爾幹之 比較方法爲

大。韋伯之理論涉及政治、經濟、法律、社會組織以及社會變遷等論題。其整個中心思想則是說明西方現代化的過程。在基督教倫理與資本主義精神一書裏，韋伯肯定新教徒之禁慾、進取、求知、積富，以及與上帝直接交通的新思想乃是改變中古西方以天主教為基礎之歐洲社會最主要的原因。在此種新的基督教倫理裏，資本的累積，利潤的爭取，以及商業上互相競爭的手段不僅已不再是一種罪惡，而且還是正當地替上帝服務的表現。因此，資本主義式的商業行為乃受宗教認可並鼓勵。

韋伯相信此種倫理思想乃是西方社會發生工業革命之最主要原因。因此，它是任何社會推行工業化和現代化不可或缺的必備條件。韋伯相信缺乏此種倫理思想正是其他社會之所以沒有工業化的基本原因。韋伯分析中國和印度等幾個古文明大國，證明工業革命不發生在這些社會乃是因為它們缺乏那類似基督教新倫理的精神。韋伯的比較方法很明顯地是意圖證明西方倫理思想和工業化之獨特性。他所使用的理念型架構已成為今日比較研究不可或缺的工具之一。

在二十世紀初期的社會學和人類學理論裏，新進化論 (Neo-evolutionism)、新結構論 (Neo-structuralism)，以及功能學理論皆曾廣泛運用涂爾幹和韋伯所遺留下來的比較方法論傳統以建立其各自之理論。在美國社會學裏，比較方法在早期並未受到重視，一直到二次大戰開始後，因情勢所需，比較社會學才開始萌芽生根。這一方面是因為一些社會學家參戰於歐洲和亞洲各地，開始對這些社會發生興趣而作觀察和研究，另一方面則是一些人類學家和社會學家應政府之聘擔當情報工作，受派在美國佔領地協助軍隊安撫當地民眾。因此，在二次大戰後，有關比較社會學的研究大量增加。在目前美國社會學裏，比較社會學之研究大部份着重於現代化過程、國民性格、政權建立、公民參政機會、職業聲望，以及社會移動等之研究。

二、幾種主要的比較研究法

學者們之間對於比較社會學之範疇意見分歧。某些學者主張把比較社會學看做是一種歷史研究法，用以探討社會變遷之過程；但是另外有一批學者則主張比較社會學應該是一種以搜集和分析不同社會之資料，用以證明或推翻目前已存在的社會學理論，或用以建立新的理論。前者即歷史學派比較社會學，強調時間性的比較；後者即經驗性的比較社會學，重視空間的比較。

歷史學派比較社會學相信社會學上的許多概念都必須依賴歷史的分析來說明其發展過程才有意義。他們認為如果社會學不追溯到社會制度之淵源與功能，則社會學研究毫無意義可言，其理論自亦不足以信賴。更何況是，社會學所研究的社會現況，不久亦將成為歷史之一部份。歷史學派比較社會學指謫以往的社會學過份重視靜態社會之研究，而忽略了動態社會的重要性。此派代表人物包括安德斯基(Stanislav Andreski)、尼斯彼特 (Robert A Nisbet)、貝拉 (Robert N. Bellah) 和艾森斯達特 (S. N. Eisenstadt)。

在此，我想特別一提的是我在 柏克萊加州 大學的指導 教授 艾伯華 (Wolfram Eberhard)。艾伯華教授是一位專攻中國歷史和中國民俗的比較社會學家。他是當代美國社會學界裏幾個少數專攻中國社會之學者羣中佼佼者。他的著作遍及中國史、社會移動、宗教、家庭、民俗習慣之研究。

雖然歷史學派比較社會學頗具相當之影響力，但大多數的比較社會學家仍偏向於經驗性比較研究。持此觀點之比較社會學家主張分析和比較由二個或二個以上的社會搜集來的驗證資料。他們指出單是研究一個

美國以外之社會是不能算是比較研究，只能算是區域研究。雖然此種區域研究能提供很有價值的資料給比較社會學家應用，但其性質和一般普通社會學家研究美國社會一樣並無區別，故不能算是比較社會學。

除上述兩類不同的比較社會學觀點以外，還有一小羣社會學家堅持社會學本身就是一門比較性質的學問和知識，因爲社會學對各種不同社會制度和體系的描述和分析，本身就是比較法的應用。而且統計法所要表達的亦正是比較法的觀點。

筆者個人認爲歷史學派、經驗性學派，以及普通社會學之比較運用都只能算做是一個綜合性的比較社會學之一部份而已。比較社會學應該是多方面的包括時間和空間等因素之系統比較分析。如果以圖來表示，則比較社會學應該包括圖內之四種研究方法：

基本上，圖內的第一種方法就是普通社會學的範疇。雖然它既不比較時間，又不比較空間，但是因爲社會學所強調的是各種不同社會制度和功能之分析和比較，以及各種相關聯之變數間因果關係之比較，我們不能不說它亦具有比較方法之特色。

第二種研究方法是比較社會的研究。其重點在於研究某一社會制度或現象在二個或二個以上不同社會裏的功能和角色之比較。例如有關中國和美國社會裏的宗教信仰之比較、世界各國職業聲望之比較研究、開發中國家人口問題之比較研究皆屬此類研究法。

第三種研究法是比較歷史法，其重點在比較同一社會裏不同時期的社會制度的歷史發展過程。例如有關中國傳統家庭與當代臺灣新式家庭之比較，中國考舉制度之歷史演變過程，十九世紀以來中國現代化的過程等之研究皆屬於此類歷史性的比較。

第四種研究法是一種包括時間和空間皆一併比較之綜合性研究方法。例如有關世界各新興國家的現代化過程之比較。因爲在這種研究

比較

空間 (Space)

	固　定	比　較
固定	① 對同一社會裏各種社會制度或現象之比較	② 同一時期內，二個或二個以上社會之比較
比較	③ 同一社會裏，各種社會制度或現象之歷史發展過程	④ 綜合性之比較法，包括時間和空間兩者之比較

時間 (Time)

裏，所謂新興國家不止一個，是空間上的比較；現代化過程是一種歷史性之比較，因此是時間上的比較。此外，世界人口問題發展趨勢之研究通常也具有此種綜合性比較之特質。

　　上述四種研究法皆應是比較社會學適當之研究範疇。不論是時間或空間上之比較，其所發展出來的理論必較單純描述性之研究更有伸縮性，更能說明社會之實際結構。

三、比較社會學的幾個問題

　　我們已經在前面兩節裏簡略地介紹比較社會學之特別範疇。我們將在本節繼續討論比較社會學應用時所常遭遇的困難與問題。

(一)比較社會學之大前提

　　美國當代社會學理論的目標是建立一些能普遍適用的通則性理論。一個社會學理論必須要有通則普遍性，才能站穩腳，經得起考驗。通常，社會學理論家亦直接或間接地暗示其理論不僅可適用於美國社會，而且也必然可以應用到其他社會。可惜的是大多數的社會學理論皆以美國社會經驗為基礎，而假想其他社會亦必然會有同樣的情況。很少社會學理論是真正建立在由二個或二個以上社會所搜集來資料上的。例如一個很流行的政治社會學理論指出：民眾參加政治活動是政治整合的一個必要條件。這個理論頗有民族本位的色彩，因為它的理論基礎是建立在美國經驗上。研究新興國家現代化的社會學者，將這理論推廣應用，因此而認定一個社會或國家的民眾如果不參預政治的話，政治現代化是絕不可能成功的。但是事實上政治現代化是否一定要民眾參預還是一個疑問，而且要參預多寡才能推行政治現代化，亦仍然是一個未知數。當然，美國是一個很現代化的國家，民眾參預政治之機會與實績亦高，這是無可否認的。但是大多數的新興社會或國家，則可能因推行民眾參政和民主制度，反而影響了現代化計劃的推行，甚而阻礙了現代化的實施。很明顯地，此理論欠缺比較社會資料之支持。

　　比較社會學最重要的任務在於尋求以不同社會資料來證明和建立社會學理論之普遍性和通則性。基於此種目標，比較社會學試圖去尋求和分析某些幾乎每一個社會都有的社會現象和制度，希冀發展出一套能解釋此種普遍通則性。例如，社會階層和分工制度是幾乎每一個社會都有的。人類學文獻亦指出親族亂倫的禁忌亦是相當普遍通行的。比較社會學之任務即在於提供一套能解釋此種普遍存在的社會現象的原理原則。

　　雖然比較社會學之目的在於通則普遍性之解釋，但是它還有一個更

重要的任務，解釋包含在普遍性衣裏之差異。換句話說，某些制度雖然是到處都有，但是每一個社會對該制度之安排及其所賦予之功能乃有所差異，比較社會學家不可受表面之類似而遭矇瞞，應該更進一步去做更深一層之探討。例如，前面所提之親族亂倫禁忌雖然在每一個社會裏都有實施，但是某些社會可能嚴禁父女亂倫，而另外一些社會則可能禁止兄妹亂倫，政治制度也是普遍存在的，但有些社會政治制度結構複雜，有些則單純。這些都是比較社會學所應注應的。簡而言之，比較社會學是希望在找到普遍性的社會現象裏分析其內涵在各社會裏之差異性和類似性。

(二)比較社會學量與質之爭論

從上面的討論裏，讀者應已明瞭比較社會學並非是一種特殊的社會學理論，而是一種較爲廣泛，包括時間和空間的一種社會學觀點和方法。社會學理論之目的在於尋求通則性的解釋原理原則，比較社會學亦以此爲目的。二者所不同的僅僅是在於比較社會學的理論基礎是建立在動態的超空間資料上。

因此，比較社會學的方法和普通社會學的方法是類似的。抽樣研究法、實地訪問法、觀察法、個案研究法等幾種普通社會學裏常見之研究法也廣泛應用在比較社會學上。雖然如此，比較社會學家對量與質的問題仍常有爭論。量的統計分析與質的歷史研究法兩者何者爲重，一直是比較社會學爭論的中心。

重視量的統計分析之比較社會學家認爲既然比較社會學之目的在於尋找理論之普遍性和通則性，則唯有應用大數量的精密統計分析才能支持我們所發現的理論。持這一種觀點的學者大都是比較政治社會學家、比較人口學家、比較家庭社會學家等。在比較社會學之研究文獻裏，可

以找出不少以量為中心的研究結果，例如：投票行為、政治參與、政治領袖、人口成長率、家庭與婚姻等之比較研究大都是量的比較。

可是在另一方面，某些學者認為以抽樣統計調查法所建立之比較研究是膚淺的，因為數目字無法包含和表達每一個社會之特有性質。這些學者指出抽樣統計調查法之最重要步驟在於定義之確立與調查表問題之設計與安排。但是這在比較社會學的研究上是很難達到的。將一種問卷表翻譯成另一種語言而不改變其原義是很難的事，而且一個在二個或二個以上的社會所共用的名詞，其定義亦可能不同。舉例來說，在低度開發國家裏，家庭計劃一詞所指的是一種有了一定數目的小孩後再實施節育的生育計劃，但在已開發的國家裏則是指未生育前之預先節育計劃。不能因名詞之相類似而誤以為它的定義和運用是一致的。在比較社會學研究裏，此種困難是很普遍的。必須事先要有充分的瞭解，才能產生有價值之理論結果。

強調以質的方法來研究比較社會學的學者大多數是歷史社會學家。這一批學者相信比較研究不同社會之歷史過程會比用量來研究不同社會的方法更有意義。因為社會與社會之間的差異是不能用量來表達的。而且歷史資料所牽涉到的時間和空間皆比統計調查法來得深刻，足夠比較社會學家做長時期的觀察和分析。現代化過程的比較研究是比較歷史社會學的主題。不過最近新進化論的重受歡迎也間接鼓勵一些學者從量轉質的研究。

四、比較社會學研究之一個例子：有關中國現代化的社會學理論

我們在前面曾屢次提到現代化問題之研究是近年來比較社會學的一

個中心論題。在本節裏，我們特別介紹一些主要的有關中國現代化的社會學理論來說明比較社會學研究之實際應用。

在西方社會學裏有關中國現代化的比較研究，大體上皆集中在解釋下列二種研究問題：

第一種研究問題是爲什麼傳統中國社會制度雖然有悠久之歷史和輝煌燦爛之文明，但却沒有發展出一個類似西方工業文化的現代模式？簡單地來說，這問題指爲什麼工業化沒有先在中國產生？這一類的研究代表者有韋伯的中國宗教論、烈威的中國家庭論，以及艾森斯達特之中國政治論。

韋伯對中國宗教之研究着重於儒家思想的分析。他最主要的目的在於以中國爲例子來證明基督教倫理的獨特性是西方工業化之主要促成因素。他指出中國儒家思想缺乏進取精神，過份重視天人融和之說，而且偏重孝道倫理。這些特徵阻礙了工商業之發展，並使中國社會停滯不前。換句話說：中國社會工商業之所以不發達正是因爲缺乏類似西方基督教倫理之故。在西方社會學界裏，韋伯理論是研究中國現代化過程之經典。筆者年前曾發表一英文稿於臺大法學院社會科學論叢，讀者可參閱。

烈威的中國家庭是現代化阻力之說也是一個很受尊崇的理論。烈威的主要研究目標在於探求現代化在日本成功，却在中國失敗之原因。他認爲其關鍵乃係在此兩種社會裏家庭之地位不同之故。他說，家庭在中國傳統社會裏的地位是相當重要的，幾乎所有一切的社會制度都以家庭爲依歸。因此，家庭乃成爲現代化工商業發展之阻力，因爲現代化的工商業是一種不爲親情所干擾的官僚組織，一切以利潤和效率爲主。但是在日本，家庭制度雖然是重要，却並非是整個日本社會的中心。對日本人來說，盡忠於國家比盡孝於家庭來得重要。因此現代化的計劃皆能以

國家為大前提，絕少親情之干擾。烈威又同時指出，舊中國的財產繼承權均分於每一個兒子，造成可使用於發展企業的資金分散；但在日本，財產不僅集中於長子一人手中，而且有時甚至於傳給由公司內能幹職員過繼來的養子來繼承。這種制度下，日本的資金不僅集中，而且是傳給有才幹的人來繼承，在工業發展上這是很重要的。最後烈威指出中日兩國之另一差別是在中國士大夫為上的觀念使得有聰明才智者趨慕當官，次等者才從商；而在日本，工商業界之聲望頗高，有才智者皆爭相從商，因此，工商業在日本發展順利。

艾森斯達特有關傳統中國政治之研究強調中國以儒家思想為本之政治制度過份偏重於部份性之調整與適應，缺乏整體革新之魄力。因此在中國歷史上幾個所謂中興都只是部份性的改革和調整而非全盤性的革命，改來改去還是脫離不了傳統政治之型態，也因此合理的政治現代化無法產生於中國社會。

上面所舉這幾個理論的共同著重點是尋求傳統中國社會制度之缺陷以說明工商業文明未在中國出現之道理。另外還有一羣學者則將集中注意力放在解釋十九世紀末期與二十世紀初期中國所推行的現代化運動失敗的原因。此種研究觀點之代表者有萊特 (Mary Wright) 對同治中興時期洋務運動之研究與白路錫恩 (Lucian W. Pye) 對中國近代政治體系之研究。

萊特的研究重點是同治時期，滿清政府在張之洞、李鴻章等漢大臣所領導下的各種洋務西化運動之經緯以及其等所遭遇之種種阻礙。白路錫恩之研究則強調近代中國社會政治權威的破滅。他認為由於滿清末年屢次戰敗於西方強權國家和日本帝國主義，使中國傳統的政治權威受到重大的打擊。此種情形在辛亥革命之後，因羣雄並起爭霸，不但未能重振舊中國的政治權威，相反地變成一羣龍無首的局面。所謂政治現代化

的計劃不僅零零碎碎而且雜亂無章，政策朝令暮改，大規模之現代化計劃無法實施，造成民國初年之局面。

　　從上面西方社會學者對中國現代化理論之研究來看，我們不能否認其頗有獨到之觀點，但是我們也不難發掘其中對中國社會誤解之處仍然相當多。此種誤解可以在西方社會學對中國家庭、宗教、農村、民俗等之研究裏到處可見。中國社會學家當前的任務是要研究和瞭解我們自己的社會，進而建立中國社會學理論。一味盲從西方理論固然不應該，但是固執地誹謗西方理論也是不對的一種態度。筆者認爲當前中國社會學家應該：(一)充實自己對西方社會學理論之瞭解；(二)而後以西方社會學理論爲基礎用比較社會學的方法來研究中國社會；(三)走出純調查報告式的研究，儘量提出理論性的解釋來終結調查所得；(四)系統整理各種各樣零零碎碎地小理論，綜合成一種較巨型地中國社會學理論；(五)最後以中國社會學理論與西方理論相比較，歸納出一套中西皆可通用的普遍性理論。這幾個步驟不是一朝一夕可達成的，但是却是必需的。因爲只有這樣，中國社會學才會有進步，才會結果實。

　　　　　　　　　　　(原載於社會學刊十三期，一九七七年)

四 美國社會問題研究之現況

一、前 言

社會問題的研究一直是美國社會學的主要特徵之一，同時也是美國與歐洲社會學界不同之點。從早期的芝加哥學派一直到今日的衝突學派與形象互動學派，社會問題的研究未曾被忽視過。雖然一九五〇年代與一九六〇年代初期所盛行的功能學派，因受派深思巨型社會學理論之影響，較偏重於理論之建造，但一些著名的功能學理論者對美國社會問題的研究並未間斷。這些人當中包括貝拉教授對美國宗教問題的研究，戴維斯教授對美國人口問題及娼妓問題的分析，以及墨頓對個人差異行為所提出的理論❶。

早期芝加哥學派裏的領袖人物如顧里和派克兩位對都市內犯罪問題、貧窮問題、種族問題、都市成長問題等的貢獻為往後美國社會學與社會問題的研究範疇奠下了一個良好的基礎。芝加哥學派是實用主義應用社會學的先鋒。近年來，美國各種社會問題更趨嚴重，應用社會學乃

---

❶ 有關美國社會學發展史，讀者可參閱筆者所著「社會學理論」一書。一九七九年臺北三民書局出版。

成爲社會學裏很受注目的一主要部門。

二、社會問題之研究觀點

　　並非我們日常所看到的或所親身經驗的問題都算是社會問題。一個問題之所以成爲社會問題：必須是它影響到社會裏的一大羣人；必須是大家認爲不好的問題，同時也必須是人們認爲可以經由公衆的努力而加以改善的問題。換句話說，如果一個問題只牽涉到少數幾個人、或者沒有不良的影響、或者是無法加以改善的，則這問題就不能算是社會問題。

　　不過，我們必須提醒讀者：一個問題在某一時期可能不算是社會問題，但在另一時期裏它可能演變成社會問題。例如，環境污染問題在一九六〇年以前根本沒有人提及注意及，一九六〇年代開始却成爲美國很受注目的社會問題之一。同樣地，一個問題在某一社會裏可能就是問題，但在另外一個社會裏，它可能不算是問題。環境污染在美國及其他已開發國家是很嚴重的問題，但是在大多數的低度開發國家裏却不是一個問題。換句話說，美國有的社會問題，臺灣並不一定就有。即使有，其嚴重程度亦可能不一樣。

　　由於社會問題之錯綜複雜，社會學對社會問題之研究就無法以單一的理論觀點來概括一切。在目前的社會學文獻裏，我們至少可以找到三種比較重要的研究觀點：一種是把社會問題視爲社會解組；另外一種是把社會問題從個人對社會的差異行爲角度來分析；第三種則是從價值衝突方面來看社會問題。這三種觀點事實上並不完全相互衝突，它們都代表研究社會問題時的不同角度觀點。讓我們簡單地逐一介紹這三個觀點❷。

---

　　❷　雖然社會問題教科書裏所提之研究觀點數目不同。有些著者認爲研究觀點有五種，有些認爲七種，但是仔細分析其內涵，筆者認爲本文所提三種是比較突出且重要的。

(一)社會解組觀點 (Social Disorganization Approach)

在社會學裏，我們認爲人的社會生活是由社會規範所節制的。人的一舉一動都受社會規範的影響與節制。這些規範可能表現在文化習俗裏，也可能包括在正式法律條文裏。從這些規範裏，個人獲知那些行爲是可以做的，怎樣去做才能獲得社會的認可。違背了這些規範，個人將受到社會的制裁。社會規範因此給社會裏的每一個人一個行爲表現的準則。所謂社會組織就是這些社會規範的總和。因爲有了這些規範，社會才能平平穩穩的持續下去。

但是社會並非是永恒不變的。因此社會規範有時亦失去其制裁約束力量。在社會變遷過程中，一方面某些規範變成不切實際，人們無法按規矩去做；而另一方面，人們亦可能爲了應付新的規範而與舊的規範相衝突，造成社會的紛亂，這種情況就是社會學上所稱之社會解組。

從社會解組角度觀點來研究社會問題的學者首先認定社會基本上是協調整合的，是沒有問題的。但是由於社會變遷的結果，新的知識、新的行爲方式，以及新的價值觀念使得傳統的和舊的規範變成過時和不切實際而解組以至於產生問題。持這一觀點的學者相信將來終有一天新的規範會完全代替舊有的規範而再度達到一種新的和諧整合的地步。

持社會解組觀點的社會問題研究者在分析過程中必須注意下面幾個主要問題：

　　a. 那些是傳統或舊有的規範？

　　b. 什麼樣的變遷使得那些傳統規範失效了？

　　c. 那些受損害的傳統規範的破損程度如何？

　　d. 社會變遷是否仍舊進行？朝何方向變？

　　e. 那些團體對新的變遷發生不滿？他們有沒有提出解決辦法？

 f. 那些解決辦法是否切實際？

 g. 那些新的規範在將來會被社會正式認可？

 總而言之，從社會解組觀點來研究社會問題主要的是探查那些被破壞了的規範，分析社會變遷之過去與未來方向，以及檢驗那些新出現的社會規範。

(二)個人與社會差異的觀點

 社會解組論的重點是社會組織的破損。個人與社會差異論者之重點則在於分析瞭解那些製造社會問題的人的動機與行為。這些人是社會學上所通稱之差異者。他們所表現之差異行為正是社會問題之癥結。因此，要想瞭解社會問題就必須先瞭解個人差異行為發展的過程、動機及其各種型態。

 這些差異行為可以分成兩類型：

 (a) 心理上的差異：有些人因為生理上和心理上的缺陷而無法按照社會所認可的規範去做。有些人則因社會化過程中的誤差而不甘心接受社會所認可的規範。

 (b) 社會上的差異：大多數社會學家相信造成個人行為的差異是社會因素大於心理因素。換句話說，社會結構之限制逼使個人去做差異的行為。墨頓的迷亂論是這方面的代表理論。

 持個人與社會差異論者，在研究時必須注意下面幾個問題的探討：

 a. 那一羣差異團體或個人在惹事生非？

 b. 他們的動機何在？

 c. 他們本身有無問題？怎麼樣的問題？

 d. 差異行為者是對其他人有害？

 e. 那些差異行為是不是因為別人硬套上去誣指的，還是眞有那一

回事？或者只是社會內的一種副屬文化而已？

g. 大多數的差異行為是不是因為社會規範之破損而來？在何種社會情況下，社會規範會破損？

g. 有什麼解決的辦法？

總而言之，個人與社會差異論者的重點在於差異行為者之動機。因此持此論者比較偏重有關犯罪、同性戀、娼妓、吸毒、精神病等方面的社會問題。

(三) 價值衝突觀點

價值衝突論者強調每一個社會裏常因為份子的複雜結構之龐大而有好幾種不同的價值體系。但是這些價值體系並不一定是很融洽的，往往在它們之間有紛歧差異和衝突。因此，常使人們無所適從，造成社會規範之混亂而形成社會問題。

在社會解組論和個人社會差異論都暗示一個穩定的社會秩序；社會的目標在於維持這穩定的秩序。但是價值論者認為這種論調是替在位有權者辯護。衝突論者認為社會上的不平等並不是一定要有的，它是有權勢者故意創造出來的。因此，社會問題並不一定就是問題。它只是社會制度的一部份。不值得大驚小怪，也不一定就會把社會拖垮。

持價值衝突觀點者在研究社會問題時，常問下面這幾個問題：

a. 那些價值是相互衝突的？

b. 衝突的程度深不深？

c. 社會裏那些團體持有相互衝突的價值？這些團體是不是很有權勢？

d. 為了解決問題，那些犧牲是必要的？

e. 有那些衝突是無法彌補的？

　　f. 那些問題是無法根本解決的？

　　上面這三個觀點是最常見常用的研究觀點。觀點的選用決不是一成不變的。這要看個人研究的目的和研究的問題性質而定。

三、社會問題研究之現況

　　一九六〇年代及一九七〇年代的美國經驗可以用內憂外患四個字來形容。這二十年間，內有黑白種族衝突、學生示威暴動、水門事件、甘迺廸兄弟之被刺殺、青少年吸毒與性行為放蕩問題、家庭婚姻問題，外有古巴事件、越南參戰、中東石油禁運危機等問題。最近幾年來，都市犯罪率之升高、經濟不景氣、通貨膨脹等更是人人所關心的嚴重問題。

　　在這種情況下，美國社會學很不可能像一九五〇年代那樣關在象牙塔裏高唱和平調。社會問題及應用社會學目前正廣受重視。佛立門教授 (Howard E. Freeman) 說：「大學以外就業機會之增加與大學教書機會之減少使社會學家對應用社會學更加注意。」❸ 除此以外，研究基金的可能性和大學研究所的加強訓練都使應用社會學更受重視。

　　對社會問題的研究不僅理論觀點不同，而且研究的問題也有所不同。下面這個表的統計可供讀者參考❹。

　　從這個表裏，我們可以很清楚地看出來下面幾個值得注意的特徵：

　　(1) 犯罪與青少年問題在過去四十年間一直是最受注目的問題。

　　(2) 家庭與婚姻問題、人口問題、種族問題亦頗受重視。

---

　　❸ Howard E. Freeman, "Freeman Outlines Major Issues Related to Applied Sociology", *Footnotes* (8:9), December, 1980, pp. 1–3.

　　❹ Robert H. Lauer, "Defining Social Problems: Public and Professional Perspectives", *Social Problems* 24 (October, 1976), p. 127.

表一　社會問題教科書中所談之問題 1934-1975

問　　題	問　題　被　分　析　次　數					
	1934-39 (N=5)	1940-49 (N=4)	1950-59 (N=6)	1960-69 (N=8)	1970-75 (N=11)	Total (N=34)
1. 犯罪與青少年	4	4	6	7	9	30
2. 家庭與婚姻	3	4	6	6	8	27
3. 人口	4	2	6	5	9	26
4. 種族	3	2	4	7	10	26
5. 貧窮	3	3	2	5	9	22
6. 心理與生理健康	3	4	5	4	6	22
7. 工人與工作環境	3	1	4	2	6	16
8. 都市	1	1	3	7	4	16
9. 個人病理（酗酒、自殺、吸毒等）	2	2	2	2	6	14
10. 失業	2	2	4	0	3	11
11. 環境生態	1	1	2	1	5	10
12. 戰爭與和平	1	1	3	3	2	10

　　(3) 貧窮問題、個人病理問題、環境生態問題在一九七〇年以前並非是重要的討論對象。但一九七〇年開始則已成為重要問題之一。其中尤以環境生態問題最為顯著。

　　在前面，我們曾經提過個人的私人問題並不一定就造成社會問題，也自然不能算是社會問題；而且社會裏的成員也必須認為該問題是可以解決的。換句話說，社會問題之所以成為問題乃是社會環境所造成。這個環境可能是社會解組論者所指的病態或失調；也可能是價值衝突論裏所稱之鬥爭與矛盾；或者是個人與社會差異論裏強調的規範的差異。但是總歸一句話，社會問題是由社會環境來的。孟力斯(Jerome G. Manis)

用下面的圖來說明這二者之間的關係。

表二　社會環境與社會問題之相互關係

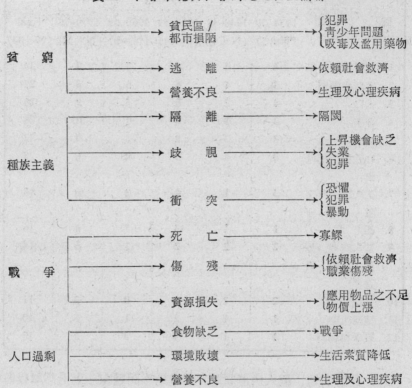

最後我想特別一提社會問題解決的困難。史立萬教授(Thomas Sullivan) 在他所著的社會問題一書裏提出下面幾點值得注意的事項和問題❺：

(1) 當我們準備去解決一個社會問題時，第一個重要的條件是在社會內一定要有一個很有影響力的團體察覺到這問題之存在。一個問題可

❺ Thomas Sullivan et. al., *Social Problems*. New York: John Wiley & Sons, 1980, pp. 29-31.

能存在，但是如果沒有一個很有影響力的團體出來說話呼籲，要想解決它是不可能的。

（2）社會裏至少要有一部份人相信這問題是可以設法解決的。美國阿拉斯加的嚴寒是一個問題，但是我們並無能力解決這問題。因此，它不能算是社會問題。貧窮是一個社會問題，因為社會裏有一部份人認為它是可以補救和解決的問題。

（3）雖然我們知道我們有能力或辦法解決該問題，但是我們仍然要問一問：到底我們願意不願意去解決該問題？我們都知道電視上的暴力節目影響兒童和年輕人的心理和行為；我們也知道只要取消那些節目這問題就解決了。但是我們到底願意不願意這樣做？答案在目前是否定的。沒有人願意這樣做，所以問題仍然存在。

（4）我們是不是明白所建議嘗試的解決辦法就沒有不好的後果？那些解決的辦法就真的能解決問題嗎？社會結構是相當複雜的，我們常常不知道新的方法就不會帶來壞的後果，甚至於造成新的社會問題。美國早年的禁酒法案就是一個很好的例子，因為實施禁酒法案後，私酒製造風行一時，而且為黑社會所操縱。

（5）最後的一個問題是我們願不願意付出相當的代價以求解決的辦法。在今天，我們絕對有能力解決環境污染的問題，但是我們願不願意付出相當大的代價去解決這問題。那些代價包括經濟可能會受影響，失業可能會增加，物品成本價格可能提高等。

讓我引用史立萬教授的一句話做為本文的結尾語：「社會問題的解決將不是簡單的，因此處理時就必須非常的小心。」[6]

（原載於中國論壇一二九期，一九八一年）

---

[6] Ibid., p. 31.

五　中國家庭研究之回顧與展望

一、前　言

在人類的社會裏，家庭是一個最基本的社會單位。雖然在不同的文化裏，家庭的組織、結構和其所負有的功能可能會有所不同，但是家庭仍然是社會裏最基本的團體或單位。一個人從他的出生到死亡的過程中，時時都受着家庭的影響，雖然影響的程度常會有所差異。譬如說，一個嬰兒在他成為一個社會人的過程中，影響他的人格和社會化最大的是家庭，而在其成年後家庭的影響雖然大為減少，但這並非說已全無影響。

不僅如此，家庭對於整個社會的發展或變遷也具有相當大的影響。因為一個社會是由一羣互有關係或互動(Interrelationship or Interaction)的人所組成，這些個人的人格、行為、思想、態度和價值判斷因此必然影響到社會的發展和變遷。而這些個人的人格、行為、思想、態度和價值判斷主要（至少是多多少少）是受家庭模塑而成的。因此家庭組織毫無疑問地影響到社會組織和結構，以及社會的發展或變遷。反之，社會對家庭的影響也是相當大的。當社會採納了某種新文化並因此而發生變

遷時，家庭就不能不設法加以適應此種新的變化。尤其在目前這日新月異的世界裏，家庭與社會的相互協調適應更為必需❶。

因此，對於家庭的討論和研究一直是哲學家、思想家以及科學家們所關懷和注意的論題。在人類整個思想史裏，我們不難發現多少先聖先賢曾經熱烈討論過這個題目。雖然在討論的觀點上曾有所差異，但對這論題的關心和注意却是一致和顯而易見的。

本文的目的是試圖從方法論的觀點上來討論中國家庭研究的趨向。我們將敍述家庭社會學（Family Sociology）的發展簡史，其研究觀點和方法。並以此檢討過去我國家庭社會學者及其他社會科學者在這方面的努力與成就，最後我們將試圖提供某些研究的重點以供將來研究者的參考。

二、家庭社會學發展簡史

對於人類家庭的討論，我們可以追溯到很早很早的時代，而且也可以牽涉到好幾門的知識範疇。雖然這些討論有些是不切合實際的，有些甚至可以說是幻想。但無論如何，這些哲學上或宗教上的討論仍然和科學上的研究具有同樣的價值。

家庭的科學探討大約起源於十九世紀左右。在這個時期，社會達爾文主義（Social Darwinism）幾乎支配了這個研究範疇的興趣。他們最主要的興趣是討論最初的人類社會是亂婚的（Promiscuous）還是一夫一妻的（Monogamous），以及討論最初人類家庭是父權的（Patriarchal）還是母權的（Matriarchal）。學者們應用歷史資料、民俗和神話來討論這些人

---

❶ 參考 Carle C. Zimmerman, "The Family As A Creative Unit of Our Society", 國立臺灣大學社會學刊第三期第 107 頁。

類家庭的起源和發展。也有一些學者直接研究某些現存的「最原始」社會裏的家庭來做比較研究❷。但是這些現存的所謂「最原始」的社會是否是人類最早期的原始社會還是一個疑問，至少在它演化到目前這種型式以前是一種怎麼樣的型式，學者們仍爭論不已。因此這種討論和研究的觀點和方法以及所得的結論都無法令人滿意。

後來由於社會變遷的加劇，喚醒人們對當代家庭的注意，特別是家庭的貧窮問題。因此某些學者開始對歐洲和美國城市的家庭勞力和家庭的經濟結構做研究。然而此種研究太偏促於經濟情況方面，而忽略了家庭與其周圍環境、文化、社會和國家之間的關係。而且此種研究的對象大都集中於下等階級的家庭，因此對中上階級家庭的瞭解甚爲缺乏❸。

一直到了二十世紀初期，由於離婚、分居的增加，生育率的減低，婦女外出工作時間的增長以及家庭份子間的個體化 (Individualization)等問題相繼發生和存在於家庭體系內，家庭研究因此又傾向於這方面的探討。學者們利用統計資料來討論和說明這些問題。雖然此種研究爲家庭社會學帶來了新紀元，但它最大的缺點是未能做深入的系統研究。

---

❷　事實上，在十九世紀左右歐洲的科學和哲學都受到達爾文進化論的影響，此種以進化的觀點的討論不僅應用於自然科學，而且也廣泛使用於社會科學。因此家庭研究者試圖討論人類家庭的起源以及其進化過程。在家庭社會學的著作中，L. H. Morgan 的 *Systems of Consanguinity and Affinity of the Human Family* (1870)；F. Engels 的 *The Origin of the Family, Private Property and the State* (1884)；Sir H. J. S. Maine, 的 *Ancient Law* (1861) 和 E. A. Westermarck 的 *History of Human Marriage* (1891) 可說是這一個時期的代表。

❸　Le Play 的 *The European Workers* (1855) 和 *Organization of the Family* (1871)；Carle C. Zimmerman 的 *Family and Society* (1935) 是此類研究的代表。

　　另外一種更適合於研究的方法也在這一個時期同時產生。那就是把家庭看做一種社會團體。這一類的家庭研究者將家庭視爲一羣互動的人格的整體，以研究其個體化的過程❹。由於把重點放在個人的態度上，此種研究減低了社會結構的重要性。社會心理學者，人類學者和社會學者在這一方面都有很大的貢獻。而精神病醫生，社會工作者以及家庭問題專家也大量應用此種知識，設法解決某些因個體化所產生的不協調的問題。

　　由於一九二九年的經濟不景氣和後來二次大戰的影響，家庭社會學又發展出一套更爲廣泛的觀點，集中注意力於家庭和外在社會體系的密切關係。此種研究試圖發現和說明外在的社會體系發生某種變動或事故時，家庭對此種變動或事故的反應及其對家庭的影響。例如經濟不景氣、流行病、死亡和戰爭等對家庭的影響及其反應。不過此種研究到目前爲止尚缺乏一套理論體系，個別的或特殊的描寫並未能有助於整個問題的瞭解。因此有系統的理論體系是相當迫切需要的❺。

　　最近對於家庭生活的描寫已成爲家庭社會學者們所共同關心的題目。家庭社會學者們試圖發展出一套更新的和更普遍的家庭研究的概念架構以及適當的研究方法。此類學者試圖將家庭視爲一種社會體系。他們的重點一方面是在於家庭的結構和功能對外在體系的關係，另一方面

----

❹　參考 J. P. Spiegel and N. W. Bell 的 "The Family of the Psychiatric Patient" 在 Silvano Arieti 編的 *American Handbook of Psychiatry* (1959) 書內。N. Ackerman and M. L. Behrens 兩人的 "Child and Family Psychopathy: Problems of Correlation" 在 P. H. Hoch 和 J. Zubin 合編的 *Psychopathology of Childhood* (1955) 書內。

❺　參考 T. Parsons 的 *The Social System* (1951)；N. W. Bell 和 E. F. Vogel 合編的 *A Modern Introduction to the Family* (1960) chap. **2** "The Family and External Systems."。

他們也注意及個人與家庭的關係。目前此種研究已引起廣大的興趣❻。

　　歸納整個家庭社會學發展的過程，我們可以發現學者們對家庭的研究大都基於這二種觀點：(一)將家庭視為一種社會制度，以分析它的社會所指定的行為模式和社會所賦予的價值。從這一種觀點來分析，家庭是社會最重要的一部。它的研究主題在於分析家庭過去和目前在社會所擔負的功能及其變遷。(二)另外是將家庭視為一種社會團體。此種研究着重於家庭和它份子間的動態關係，亦即研究分析家庭份子間的互動情形。持此觀點的學者認為唯有對家庭份子間的親密的互動關係做一深入的分析，才能對家庭獲得真正的瞭解。近年來家庭社會學者贊同此一觀點的人日益增多。

　　家庭研究對於資料的搜集以往通常是運用歷史法。而目前則以調查法為主。歷史法主要是依據歷史文件、民俗等來描寫分析某一特定時期的家庭或其時間上的變遷。而調查法則以調查表，訪問表或親自參與觀察法來分析比較某些特定區域的家庭，從一個或一羣家庭的研究分析以明瞭家庭的真正狀況。若以此兩種研究方法而論，歷史法的偏差可能要大於調查法。

三、中國家庭研究的回顧

(一)中國家庭在傳統社會裏的重要性

　　中國家庭制度在傳統社會裏所擔負的角色是相當重要的。整個傳統

---

❻　參考 W. F. Kenkel 的 *The Family in Perspective* (1960)；E. W. Burgess 和 H. J. Locke 合寫的 *The Family* (1950) 及 W. M. Kephart 的 *The Family, Society and the Individual* (1961).

文化和社會體系無一不受家庭制度的影響和模塑。家庭是中國傳統社會最主要的社會制度，也是社會的中心。社會對家庭的重視遠比對個人還要強。組成中國社會的主要因素是家庭而非個人。「大多數的經濟和社會結構是建立在家庭的基礎上而非個人的基礎上。」❼事實上，一切傳統的中國社會裏的政治、經濟、教育、娛樂等的組織與功能皆以家庭組織爲基礎，而所有的社會關係也可以說是家庭關係的擴大。家庭以外的其他社會制度在中國是很難單獨發揮其功能的，如果不和家庭發生關連的話。楊慶堃教授曾經指出：「在中國社會裏，尤其是鄉村社區，僅僅有極少數的社會組織或結合在家庭之外能滿足個人的社會需要。」❽社會和國家只不過是家庭組織的一種擴大，統治者與被統治者的關係正像家庭內父子的關係。天下一家的政治理想也帶有濃厚的家庭色彩。我們或許可以說，傳統的中國社會完全是建立在家庭的基礎上的。缺少這個基礎，中國的傳統社會可能早已解組。

近百年來，由於受到西方文化的影響，中國傳統社會發生了巨大的變遷，這些變遷自然影響了社會最主要的家庭制度的組織和結構，因而也發生變遷。「我國家庭制度，數千年來，在大體上無大變動。有之，則自海通以後始發見之。所以家庭制度的變遷，與其他社會各部份變遷一樣，都起於與西洋交通以後。大概我國社會，向來閉關自守，與外界甚少接觸；一旦與性質相異的西洋社會發生交通，於是一般人民，耳濡目染，潛移默化，遂於不知不覺中，發生極大影響。而家庭制度，尤其是關於家庭組織、婚姻、婦女、職業、地位，以及兒童教養等方面，亦

---

❼ M. C. Yang, *A Chinese Village*, The Columbia Univ. Press, 1959, p. 224.

❽ C. K. Yang, *The Chinese Family in the Communist Revolution*, New York, 1959, p. 5.

即在此潮流中，大起變化。」⑨

　　雖然如此，家庭在當代中國社會裏仍然是相當重要的。家庭社會學者們對於中國家庭的研究並未減低，相反地更引起高潮，學者們盼望描述未變遷前的傳統式家庭型態；也試圖發現變遷的因素和變遷的特徵；尤其是希望能給正在變遷中的中國家庭制度以正確的指引，以減輕因此而產生的許多家庭問題和連帶的社會問題。

(二) 中國家庭研究的回顧

　　我國學者對於家庭的科學探討，其歷史並不太久。大約在五四運動前後，對於家庭的討論才眞正興起。一直到今天，也不過是四、五十年左右。爲了討論上的方便，我們暫時將這些討論研究的發展過程劃分爲兩個時期：第一個時期是從五四運動前後至大陸淪陷爲止；第二個時期則自政府遷臺至現在。在空間上，我們可以說第一個時期是大陸時期；第二個時期是臺灣時期。此種劃分，不僅是因爲時間上和空間上討論的方便，而最主要的是這二個時期內，無論在研究的方法上，觀點上或內容上都具有顯著的不同。我們將在底下詳細敍述。

　　1. 第一個時期內的家庭研究

　　我國學者對家庭研究發生興趣主要是由於對社會問題的注意而來的。易家鉞氏曾說：「要解決社會各種問題，非先從家庭問題解決起不可。」又說：「家庭問題，不用說是社會問題中最根本的了。」⑩易家鉞與羅敦偉兩氏合著的中國家庭問題一書爲我國學者專研本國家庭問題的第一本書⑪。

----

⑨　孫本文著現代中國社會問題第一册第 110 頁。

⑩　易家鉞，羅敦偉合著中國家庭問題，序 2-3 頁。

⑪　此書於民國十一年由泰東書局出版。（民國五十四年臺北市水牛出版社

對於社會問題的討論，在五四運動前後甚爲熱烈。因此在初期的中國家庭的研究亦多偏重於家庭問題的討論和研究。理論的探討缺乏，而實際問題的討論豐富是初期中國家庭研究的特色。

另外一個特色是客觀和科學的態度的缺乏。主觀和意氣之爭的討論左右了對家庭問題的眞正討論。因此報章雜誌上頗多家庭問題的爭論，詆毀傳統的家庭制度而侈言新的家庭制度。討論的觀點和態度旣偏，對中國家庭的研究自無法客觀深入。

此種情形，由於五四運動熱潮的減退以及北伐後全國統一所帶來的新希望，才逐漸地走上正軌。對於家庭的討論逐漸地客觀和科學化。學者們認清要解決中國的家庭問題，不應該只是一味攻擊舊有的傳統家庭而應該給予正確而適當的評價。因此對於中國家庭制度史的分析相繼產生[12]。學者們試圖從史的變遷上來討論家庭在歷史上的功能和地位。並以此做爲討論當代家庭的依據。

另一方面實地的研究亦相繼而起。他們以鄉村或農村社會的研究爲主，用以描寫其日常生活和社區的功能。因此農村家庭的描寫自然成爲其研究的重要的一環。這一類的研究，以人類學者的貢獻最大。而這一類研究的學者中外皆有，所出版的報告則以英文爲多。中文書籍可以說寥寥無幾。這種實地研究成了第一個時期後半期的主流。而對中國家庭

（續⑪）　曾加以再版）在此書出版前尙有郝伯珍著的婚姻問題總論（民九年），張佩芬著的婦女問題（民九年）和金仲華著的婦女問題的各方面（民九年）。不過這些書皆討論婚姻與婦女問題，而未能對家庭問題做一整體性的討論。

　⑫　在這一方面比較重要的著作有陳東原著中國婦女生活史（民十七），呂誠之著中國宗族制度史（民二十四年）及中國婚姻制度史（民二十四年），陳顧遠著中國婚姻史（民二十五年）。

生活的研究也以此的貢獻最大[13]。

綜觀此時期的家庭研究，它的發展是由初期的家庭問題的討論進而對家庭史的分析再進而對家庭生活和家庭功能探討的實地研究。不過在研究的觀點上，這一個時期的學者大都是把家庭當做一種社會制度來研究，很少有人注意及家庭的動態關係的分析。

2. 第二個時期內的家庭研究

當中國家庭研究正逐漸地走上正軌而發展起來之時，不幸地受到大陸局勢逆轉的影響，學術的工作停頓，而一些著名的學者也未能及時逃出。在共產黨的壓抑之下，我國的家庭研究受到了無比的挫折。從大陸變色至今，家庭研究在我國大陸可以說安全停頓了。

所幸，仍有部份學者遷居臺灣負起領導研究的重任。雖然在遷臺初期，由於局勢的動盪不安，社會的不穩，學術的研究工作暫時無法展開。但是這個情形，很快地就獲得改善，家庭的研究逐漸地蓬勃起來，尤其近年來這種風氣達到了一個高潮。

由於社會的不安定和資料蒐集的困難，早期臺灣的家庭研究並不多，有之亦多偏限於家庭史的描述。歷史資料的徵引是最主要的方法。大約在民國五十年以後，家庭的研究才重新又獲得學人的重視，而從事此一

---

[13] 此種實地研究，著名的著作有 M. C. Yang (楊懋春) 的 *A Chinese Village* (1945), C. K. Yang (楊慶堃) 的 *A Chinese Village in Early Communist Transition* (1959) 和 *The Chinese Family in the Communist Revolution* (1959), Francis L. K. Hsu 的 *Under the Ancestors' Shadow* (1948), Lin Yuch-hwa 的 *The Golden Wing* (1944), Hsiao-tung Fei 的 *Peasant Life in China* (1939) 以及 M. J. Levy Jr., 的 *Family Revolution in Modern China* (1949), Olag Lang 的 *Chinese Family and Society* (1946) Irma Highbaugh 的 *Family Life in West China* (1948)。中文書在實地調查方面較著名的有言心哲的農村家庭調查 (民二十四年) 和李景漢的北平郊外之鄉村家庭 (民十八年)。

研究工作的人也日益增多，報章雜誌討論家庭的文章亦大爲增加。而對臺灣的家庭的描述和研究是這一個時期的主題和特徵。由於大陸上資料來源的斷絕，學者們仍將注意力集中於臺灣家庭的研究。在這一個時期，理論與實際並重，鄉村與都市兼顧。而最重要的是科學的態度和方法被廣泛地應用到家庭的研究上。問題的發掘和事實的討論皆能客觀和嚴肅。社會學者以科學的實地調查和訪問去尋求發現眞正地家庭組織和功能，並比較都市和鄉村家庭的異同。而人類學家則較偏重於山地社區的家庭制度的探究⑭。

　　這一時期的學者由於受到當代美國社會學、心理學和人類學的影響，對於家庭的研究已能注意及動態的家庭生活和家庭關係的研究了。同時也注意到了家庭與其周圍的社會體系的相互關係⑮。並且由於少年犯罪，問題兒童等問題的日益嚴重，學者們也把他們的重點一部份放在兒童的教養問題以及父母的責任問題討論上，希望能夠喚醒社會的重視以及提供一些參考方案。又由於人口問題的嚴重和節育技術逐漸地被使用，家庭計劃 (Family Planning) 也成了家庭社會學的主題之一。

　　綜觀這時期的家庭研究，我們發現一些有意義的特徵。首先是對臺灣家庭的描寫和研究。此種研究使吾人對臺灣家庭得到了一個較科學的

---

　　⑭　關於這方面的資料可參考拙著「有關中國家庭研究之參考書目」刊登於國立臺灣大學社會學刊第三期第 179–189 頁。該書目主要地是搜集在臺灣發表的有關中國家庭研究論文而編成的。

　　⑮　動態的家庭關係的研究主要地有郝繼隆的「臺灣學生對於家庭與婚姻的態度」（臺北文獻第五期），朱岑樓的「臺灣二四九對夫妻婚姻調適之調查分析」（社會科學論叢第十六期），筆者的「中學生對家庭與婚姻態度的研究」（思與言二卷三期）、與「家庭份子間關係的研究」（思與言四卷二期），楊懋春的「中國各式家庭中子女敎養與子女行爲研究」（社會學刊第三期）和龍冠海、張曉春合作的「中國家庭組織的一個研究」（社會學刊第三期）。

透視，並用以之與傳統中國家庭做一比較。其次是動態關係的研究，使家庭研究顯得更有價值，更有意義。尤其動態的研究和價值判斷的研究使我們能對其未來的可能發展獲得一些概念。第三是重視社會體系的變遷對家庭組織和結構的影響，雖然在這方面的研究尚少，但已有良好的開始了。最後是方法論的探討使得家庭研究的誤差減小，並促進正確的科學研究。

另外一點值得注意的是外國學者到臺灣研究家庭的有日益增多的趨勢。其最大的意義在於研究觀點和方法的相互交換，從而修正我們在方法論上可能的缺點，並促進我們家庭社會學的發展。

四、中國家庭研究的展望

前面，我們已經對中國家庭研究的二個時期做了檢討。現在，我們將討論中國家庭研究未來的展望以及它所可能面臨的困難。

在過去的四十幾年當中，中國家庭社會學的研究已經有了一個良好的開始，無論在研究的態度上，觀點上或方法上都已合乎科學的家庭研究的要求。但是無可否認的，中國家庭社會學研究仍有其缺陷存在。特別是由於研究範圍和對象的不普遍，使我們對於中國家庭的普遍性特質仍未能有所瞭解。關於這一點，綜觀整個中國家庭社會學研究的發展，我們可以發現在家庭的史的分析上，我們缺乏對中、下等階級家庭的知識，歷史資料的應用在我國僅限於上等社會的家庭制度，而對中、下等階級，尤其是下等階級家庭，我們漠然無知。因此未來的家庭研究似乎應該儘可能兼顧及各種階級的家庭的描述。美國著名的家庭社會學者蒲濟時 (E. W. Burgess) 和洛克 (H. J. Locke) 在他們合著的家庭 (The Family) 一書中就曾建議中國的家庭研究應該包含(1) 農民，(2) 都市

工人，(3) 商人，(4) 政府官員或公務員，(5) 留學生等幾種階級的家庭生活的描述⑯。

另外一方面，我們的家庭研究應該着重於當代社會變遷對家庭的影響。工業化、都市化是否改變了家庭份子間的關係，父親的權力怎麼樣？母親的地位變遷又是如何？家庭對社會的功能是否減輕了？如果這些問題是發生了，那麼發生的原因如何？過程如何？對家庭和社會的影響又是如何？人口的增加，經濟的壓力改變了傳統的大家庭多子多孫是福的觀念；教育的普及，受教育時間的延長減輕了父母教育的責任却增加了父母經濟上的負擔。這一代的父母有責任去鼓勵他們的兒女進入學校，考上大學並希望他們成爲一個醫生、律師或者一個科學家⑰。但是此種對父母的考驗，在家庭中是否會發生衝突？若有衝突、父母子女如何去協調或解決？這些問題都是當代中國家庭社會學者所應加以注意的。因此我們就不能不對家庭和社會變遷的相關性加以瞭解和研究。

但是社會變遷是相當複雜的，如果家庭社會學者不廣泛接受其他社會科學的知識和研究，他將使得他的研究產生偏差。最好，我們應該和心理學者、歷史學者、教育學者以及經濟學者互相討論，互相研究和批評。這樣，我們才能眞正瞭解家庭在社會變遷的過程中所受的影響及其本身所發生的變遷，尤其臺灣目前的社會變遷速度很快，如果我們忽略掉某一方面的因素，我們所獲得的結論可能就會是錯誤的。

另外，家庭研究理論的建立，也是中國社會學者和家庭研究者今後值得探討的論題。事實上，在當代的家庭社會學尚缺乏一種正確和令人

---

⑯ E. W. Burgess and H. J. Locke, *The Family*, Amirican Book Company, 1950, p. 59.

⑰ Carle C. Zimmerman, "The Family As A Creative Unit of Our Society", 國立臺灣大學社會學刊第三期第 115 頁。

滿意的理論。家庭社會學者顧德 (W. J. Goode) 曾經感慨地說:「我們有宗教、社會解組、分工、政治社會學和人口學等的當代的理論。可是家庭的理論在那裏呢?」[18] 事實上,也的確如此。各家的學說分歧繁雜,一套令人滿意的理論也尚未能發展出來。中國家庭社會學者有責任去試圖發展出一套較客觀的理論。如果我們能對中國傳統的和當代的家庭體系做一完整和透澈的瞭解和研究,或許我們可以因此而在家庭的理論上有所發現。我們盼望所有研究中國家庭的學者能對家庭和社會學理論的發展有所貢獻。

(原載於東方雜誌復刊一卷六期,一九六七年)

---

[18]　W. J. Goode, "The Sociology of the Family", in Robert K. Merton and others (ed.). *Sociology Today* 1959, p. 181.

六　中國家庭制度之演變

一、序言──中國家庭與社會

　　對於任何一個欲瞭解或研究中國社會文化的人而言，中國家庭制度在傳統的社會文化體系中所擔任的角色是不容忽視的。中國的整個文化體系和社會制度無一不受家庭制度的影響模塑。家庭是中國社會最主要的社會制度，也是社會的中心。一切政治、經濟、教育、娛樂等的組織與功能皆以家庭制度為基本。而所有的社會關係也都以家庭關係為基礎。個人從生到死，都受着家庭不斷地影響，無論是他的生理和心理的成長，情感和態度的培養，教育和社交生活等皆受家庭有形無形的影響。事實上，家庭以外的其他社會制度，在中國很難單獨發揮其功能，如果和家庭制度不發生關係的話。楊慶堃（C. K. Yang）曾經指出「在中國社會裏，尤其是鄉村社區，僅僅有極少數的社會組織或結合在家庭之外能滿足個人的社會需要。」[1]

　　在中國的傳統思想體系內，社會和國家只不過是家庭組織的一種擴

---

❶ C. K. Yang: *The Chinese Family in the Communist Revolution*
p. 5.

大。統治者與被統治者的關係正像爲家庭中父與子的關係。在古老的思想裏，君臣父子常常被聯想在一起的。天下一家的政治理想仍然帶有家庭色彩。

儒家的思想更是以家爲其思想體系的出發點，任何與家發生衝突的行爲思想皆應被抹掉，孝道則是維持家庭的最重要因素，爲了維持家的名義，不惜「子爲父隱，父爲子隱」，「在他人則殺之，在己弟則封之。」這些例子在儒家的思想裏是相當多的。

中國的歷史已經流傳了五千多年，有文字記載的也至少有三千多年了，在這漫長的歷史過程中，無可否認的，家庭組織的穩固和健全是維持中國社會和文化不墮的最大因素。它的孝道，親屬關係，祖先崇拜，敬老等等都是社會安定的最根本的基礎。如果沒有這一些，中國的社會早就崩裂，中國的文化早就消逝在人類歷史上了。英國功能學派的人類學家馬凌諾斯基曾經這樣地讚美中國家庭組織。他說：「家，特別是宗教的一方面，曾是中國社會與中國文化的強有力的源泉。中國的舊式家庭，對於一切見解正確的人類學家，一定是可以羨慕的對象——幾乎是可以崇拜的對象。因爲它在許多方面，曾是那麼優美。」❷

中國家庭與社會既整合一體，因此在不斷地變遷的社會過程中，家庭也必然會發生變遷，尤其在近百年來，中國社會和家庭的變遷更是劇烈。本文的主要目的是從功能研究的立場來研究和探討中國家庭制度的變遷和因此所發生的一些問題。

---

❷ 李宅安譯：兩性社會學，中文版序言。

二、傳統的中國家庭

(一)大家庭的組織

傳統的中國家庭制度的主要特徵之一就是大家庭的組織。它不僅是指家庭的份子數目多，而且是指包含了好幾代的份子，親屬和家人，居住在一起。

通常中國的家庭包含三代到五代的份子。在古老的思想裏，家人是不應離開祖先所居的地方而另外建立家庭的。好幾代的子孫居住在一起，不僅是家庭的福氣，也是整個社區的模範，這樣的家庭在整個社區中具有相當高的地位。

中國以往是一個農業社會，在這種古老的農業經濟是需要大量的勞力。為了維持並繼續祖先所遺留下來的產業，子孫都應該共同擔負這個責任，不使田地分裂或者甚至於賣給外人。為了表示後代對祖先的尊敬和孝思，自然就不願離家分居。傳統的觀念認為同宗的親屬應該住在一起，而且這種觀念被認為是一種美德。如果一個家庭的份子，四散在各地，各自獨立成家，那將是十分可恥的事。

這種大家庭的組織，在中國，還可以分為兩種型式：一為盛行於世族門閥的，包括直系和旁系親屬的大家庭；一為僅包括直系親屬的大家庭，此為大部分的庶民家庭型式。前一種型式的大家庭，不僅包括夫婦子女的同居，還包括祖父母、父母、兄弟、姊妹、妯娌、姪子等等的親屬。這些人居住在一起，生活在一起，祭同一祖宗，行同一家法，財產共有，以累世同居為榮，動稱百口。如唐代張公藝，九世同堂，傳為美談。歷代的世族大都行此種型式的家庭，「紅樓夢」的賈府亦為一例。

但是大部分的庶民階級則僅包括直系親屬，它通常是一個父系家庭中包括有兩個或兩個以上較小的父系家庭。此種家庭的人數往往並不多，但它仍然是典型的中國大家庭。

(二)父系父權的家庭組織

中國的家庭組織既是如此的龐大，則權力的統一就成為維持家庭不可或缺的主要因素，否則親戚各房都要爭權，則家道的四崩五裂定難以避免。

中國的社會是男性社會，傳統的家庭制度也是以男子為本位的父系家庭。因此家庭的權力自然集中於男性家長手中。通常，家長是家庭中輩份最高或年齡最大的男人。家庭內的每一份子悉聽其命令，不得反抗。為人子及幼者，必以孝事親。

此種嚴格的父權制度，在中國的家庭制度中是完全基於孝道上。為人子者，生者養，死則祭。孝經上言：「孝子之事親也：居則致其敬，養則致其樂，病則致其憂，喪則致其哀，祭則致其嚴；五者備矣，然後能事親。」曲禮又言：「冬溫而夏清，昏定而晨省……」及「出必告，反必面，所遊必有常，所習必有業。」「父母在，不遠遊」。等皆孝道的中心思想。人子盡孝，無微不至。「父兮生我，母兮鞠我，拊我畜我，長我育我，顧我復我，出入腹我」，所以為人子女感恩圖報唯恐無日。

中國的孝道是要求絕對的服從。服從是一種美德，社會對不孝的懲罰頗為嚴峻，不只家人不容，亦為社會所不許，甚至於繩之於法。「父雖不慈，子不可以不孝」。「五刑之屬三千，而罪莫大於不孝。」不孝在中國的社會中是一種罪惡，而且是最不可饒恕的罪惡。國法人情皆惡不孝，為人子者亦戰戰兢兢，如臨深淵，如履薄冰，唯恐冒上不孝之

名。

　　有人認爲孝是中國家庭階級的象徵，也是父權專制的象徵。然而如果沒有孝道，中國傳統的大家庭制度早就瓦解了。凡家庭中的一切衝突，一言及孝，都可無形消弭。許烺光 (Francis L. K. Hsu) 說：「在孝道的名義下，沒有一種行爲是太苛刻地或困難地」。❸人人視家庭爲整個單位，視孝友爲行爲標準。家庭內的份子由於孝友的聯繫而互視爲一體，並擴及家族，守望相助，貧病互濟。

　　總之，中國的大家庭制度是建立在父權的基礎上，而父權的維持則依賴在孝道的觀念上。

(三)家庭份子間的關係

　　在這一節裏，我們將討論中國家庭份子彼此間的關係，這些關係是十分複雜地，而且也是互相重疊地。

　　a. 父子關係——中國家庭內最重要的份子關係是父與子的關係。一切的家庭關係皆以父子關係爲基本。Francis L. K. Hsu 說:「所有在家庭團體內的關係都被認爲是父子關係的擴展，或者是附屬着，輔助着父子關係。」❹同時他又認爲父與子兩者是合爲一體的，雖然在地位上，他們相差很大。通常在家庭內，父是一家之主，指揮者和命令者，他具有很大的權威，他不僅掌握着家庭內一切的事務而且掌管着家庭經濟大權；他代表着祖先的權威，因此他甚至於可以殺掉他的子女。而爲人子者在家庭是服從者，即使父親是殘暴不仁的，他也只有服從的義務。「父親的態度是威嚴的，甚至是疏遠的；他的權威是毫無疑問地並且

---

❸　Ruth Nanda Anshen (ed.): *The Family:Its Functions and Destiny.* p. 124.

❹　Francis L. K. Hsu: *Under The Ancestors' Shadow,* p. p. 58-59

他希望他的兒子服從他」。❺ 兒子被期待去做兩件事：對父母尊敬和服從；及為家庭團體的財富而工作。在中國做兒子的應該保存他祖先的財產和房屋。這是他的職責。

父子關係在家庭內是相當重要的，但是並非親近的。他們很少談話，即使談話也是扳着面孔而且很少開玩笑。楊懋春教授描述此二者的關係時說：「在田裏父子共同工作，共同散步，但是兒子時常感覺到和他父親在一起工作比跟別人還不快樂。在公共場所，他們甚至於避免碰面。」❻ 在許多事情上，尤其是關於私人的事情，他寧願跟母親談而不跟父親談。他覺得母親比父親更瞭解他，更能同情他。由上所述，我們可以瞭解父與子的關係，社會意義重於私人意義。

父親與女兒的關係，在中國家庭內是不重要的。他不能時常與他的女兒接近，雖然也許父親是愛他的女兒，但他應該克制，男女授受不親的觀念，束縛着父親與女兒之間的關係。通常大部分有關女兒的事，都是經由母親傳達的。父親很少直接與女兒接觸。

b. 母子關係——在家庭內，母子關係是相當親密的。社會不允許年青的男孩子與其他女人來往或遊戲，因此他們喜歡和母親談話，尤其是當父親不在場時，他可以和母親很自由地談許多事情，甚至於他的堂姊妹的事，母親可能利用這機會探聽他的意見，給他安排婚事。

但是婚後母子關係就減少了。如果母親是自私地和胸襟狹窄的人，她可能嫉妒年輕的媳婦。但是一個有理性的母親則通常與媳婦相處得很好。

在理論上，當父親死後，長子是一家之主，並且母親也在他的統治下。但就整個家庭而言，她的地位已因此而提高了一些。

---

❺ Martin C. Yang: *A Chinese Village*, p. 57.

❻ Ibid. p. 59.

母親與女兒的關係是十分密切的。從她開始懂事後，她就與母親發生密切關係。她必須幫助母親照顧年輕的弟妹，學習家務等一些事情。父親與女兒很少有直接地接觸，尤其在有其他人的場合下，更是避免有所接近。母親教給女兒一些必須的常識，以便將來能做一個好媳婦，因為女兒嫁後夫家滿意與否，關係着母親的面子很大。如果這個女兒在夫家不受歡迎，那麼村裏的人都會說母親沒有好好的教養她。事實上，女兒代表她母親的行為和家教在她的夫家中，人們知道「一個女兒的人格是她母親的反映並且母親也分擔任何對她女兒的責難過錯」。❼

  c. 兄弟姊妹關係——在中國傳統家庭內，年齡與性別是決定一個人地位的兩個最重要因素。年齡大的哥哥有權支配年紀輕的弟妹，但是年紀大的姊姊對年輕的弟弟只有愛護而無支配權，女孩子在年輕時通常受兄弟的支配，而一個男孩子會覺得他有一種保護他姊姊的責任。未結婚的兄弟姊妹之間有一種自由和親密的關係，什麼話都可以說。

  男孩子們在結婚前的關係是很親近的，他們在一起工作，一起遊玩。但是當他們結婚後，他們的關係就漸漸地疏遠了，受了妻子和孩子的怨言後，他們甚至於吵架。如果父母不能調解，這個家庭就很容易破碎。兄弟間的和諧是保持父子關係的要素。兄弟「本是同根生」應該互助友愛，是傳統的倫理觀念。不過因為份子多也就難於永遠保持。

  d. 夫婦關係——在中國的社會裏，夫妻關係是不被重視的。社會強調父子關係而壓抑夫婦關係。事實上，夫婦關係僅僅只是父子關係的附屬。夫婦間的感情是不能表現出來的。而且丈夫必須與他的家人保持比妻子更密切的關係。他不能夠在大眾面前與妻子開玩笑，也不能當面誇獎她。夫婦間接觸的時間只有在晚上，當妻子侍候公婆入睡後，她才

---

❼ Ibid. p. 60.

能和丈夫在一起。夫婦間的瞭解和愛情是很少的，但是他們相敬如賓，互相諒解，忍耐與互助。

在家庭內，妻的地位是卑屈的，她只是丈夫的附從體，夫是至尊的。C. K. Yang 說:「年青的妻子不僅的附屬於這個家庭中的男人而且附屬於婆婆，並且在某種程度上也附屬於年長一輩的婦女」。[8] 不過當她生了兒子之後，她的地位就稍爲提高，因爲她的兒子將承繼這個家的香火。

有些時候，雖然夫婦間的感情非常恩愛，但是如果公婆不喜歡的話，或者她不能夠生一個兒子的話，她們可能被拆散，這些我們將在下一節中討論。

e. 婆媳關係——「婆媳關係是大家庭內最緊張的關係之一」。[9] 一個媳婦對於婆婆的義務和對他丈夫是一樣的，但是許多磨擦發生在他們之間。兒子婚後將他對母親的感情轉移到妻子身上，製造了二者間的緊張。妻子對丈夫的服侍和恩愛都使婆婆看不順眼。因此嫉妒並故意爲難媳婦。

婆婆對待媳婦的不好是因爲她在年青時也遭受同等待遇，因此現在要加以報復，而在全家中只有媳婦是她管得着的。這種報復心理造成媳婦與婆婆間的不和。另外一個原因則是媳婦與小姑間的衝突。由於大家庭人口衆多，年青的媳婦要完全適當地協調每一份子的關係是十分困難的。婆婆嚴厲的臉色，公公僞裝的尊嚴，再加以繁重的家事，這些都使她感覺到她是完全在這些人的可憐之下。

但是有些好心腸的和有眼光的婆婆仍然企求份子的合作與相處的和

---

[8] C. K. Yang: *The Chinese Family in the Communist Revolution*, p. 107.

[9] Hsiao Hsia (ed.): *China; its people, its society, its culture*, p. 164.

諧。她瞭解一個媳婦的心理並給予同情和幫助。原諒她的過錯，並設法補救。因此媳婦也會同樣地表示她對這個家庭的忠誠和愛護。自然婆媳的衝突也就永不會發生。

　　總之，中國大家庭內的份子關係是十分複雜的，要想維持這個家庭就必須先協調這些關係，否則家庭一定難以維持下去。不過事實上這是相當困難的。

(四)婚　姻

　　中國傳統的婚姻是一種父母之命，媒妁之言的婚姻。結婚是整個家庭的事而非個人的事，因此很少顧及個人的幸福。婚姻只是舊家庭的擴大和延續而非為個人的快樂與幸福。奧格朗氏 (Olag Lang) 說：「在古老的中國社會裏，人們沒有被教導着期待以婚姻中得到愛和快樂。婚姻不是為個人的滿足而是為了家庭的延續」。[10]

　　事實上，婚姻是家庭的大事，它關係着家庭未來的發展與存在。因此為人父母者總是很謹愼地為兒子選擇妻子。但很少顧及他的幸福，因此愛情和個人主義的婚姻是很難在舊式的社會中找到的。換言之，中國舊式的婚姻和愛情是各自獨立的兩件事。男女雙方在婚前甚至於都沒有見過面，當然更談不到愛情與瞭解，婚姻只是為父母找一個媳婦，而非為兒子找一個妻子。因此大部份的家庭是沒有愛情基礎的，不過有些人在婚後才漸漸發展出他們的愛情。

　　離婚是相當少的。離婚權操之父母手中而非丈夫。「子甚宜其妻，父母不悅，出。」舊式社會中在下列七種情況下可以離其妻，即所謂「七出」：「不順父母，為其逆德也。無子，為其絕世也。淫，為其亂

---

[10]　Olag Lang: *Chinese Family and Society*, p. 49.

族也。妬，爲其亂家也。有惡疾，爲其不可與共粢盛也。口多言，爲其離親也。竊盜，爲其反義也。」⓫

唐律對離婚的規定相當明確。「受聘財」或「已報婚書及有私約者」，便不許再悔，但「男家自悔者不坐，不追聘財」。離婚限於七出及義絕。七出已如前述；義絕則以下舉事項爲限：「毆妻之祖父母父母；及殺妻外祖父母父母伯叔父母兄弟姑姊妹；若夫妻祖父母伯叔父母兄弟姑姊妹自相殺；及妻毆詈夫之祖父母父母；殺傷夫外祖父母伯叔父母兄弟姑姊妹；及與夫之緦麻以上親，若妻母姦；乃欲害夫者；雖會赦，皆爲義絕」。⓬但雖有七出而有三不去者亦不得離婚。三不去，謂一經持舅姑之喪，二娶時賤後時貴，三有所取無所歸也。離婚之權在於夫家，妻無權強制離婚：「妻妾擅去者，徒二年，因而改嫁者加二等」。但唐律允許「和離」，卽雙方同意而離婚者。

我們很難肯定地說中國舊式婚姻是快樂美滿，還是痛苦。我們不否認這種僅憑媒妁之言，父母之命的婚姻是非常不合理的，但是當這種婚姻變成一種社會規範 (social norm) 或文化模式 (culture pattern) 時，也就無所謂合理與否了。換言之，社會價值觀念的評價，決定了社會的態度對婚姻美滿與否的標準。

(五) 家庭的功能

在前面我們曾經再三地強調中國的家庭和社會是整合成爲一體的。家庭是社會的中心，它擔負了大部份的社會功能。如經濟、教育、宗教、娛樂等等的功能。在本節中，筆者將對此詳加敍述。

a. 經濟的功能——舊式的中國社會是以農業爲主的。大部份的人

⓫ 大戴禮本命。

⓬ 唐律疏義卷十四。

也都居住在農村社區中，　而其經濟體系則是屬於家庭經濟。

　　家庭經濟的特徵是以家為中心的經濟體系。家是經濟的中心單位，此種經濟制度只求自足自給，　不願多事生產，　年歲收成好，　則藏之於倉，　以待他年之需。　當時的傳統觀念認為只要夠吃夠穿的就行了，　不必增加生產去和商人打交道，人民過着與世無爭的優閑生活，外界的事情只要不危及本家的安全也就可以袖手旁觀，人人都抱着一種自掃自家門前雪，那管他人瓦上霜的人生哲學，所謂知足常樂就是農村社會和經濟的理想。

　　男耕女織是自足自給的農業經濟的另一特色。它已經變成一種社會規範。好吃懶做是無法立足於家庭的，亦為社會所不允許。在生產工作的範疇內，各人都有責任，除了讀書參加科舉，爭取功名外，每一個人在家庭經濟體系內都擔負了一個角色。

　　b，宗教的功能——中國社會與家庭中的祖先崇拜，在家庭中是具有相當重要的功能。它是一種人類對祖先的眷念，是一種孝道的表現和延續，是一種慎終追遠的信仰；為人子孫者，生不能敬事父母，死自當致祭其哀。此種祖先崇拜是人類永生的信仰，上追祖宗，下續後世，使家族得以永懷祖宗創業之艱，也使家族得以永存而不滅。

　　此種社會規範使得家族或家庭中的每一份子戰戰兢兢地為整個家庭或家族的綿延而奮鬥。人們相信祖宗在天之靈時時在監視着他們，希望他們為善揚德，光宗耀祖。同樣地，如果一個人做壞事，那麼將來當他死後他將受到先祖們的懲罰，並且他的子孫也將不會敬畏他。

　　藉着祖宗的威嚴，家長得以控制全家，因為他是代表着祖宗的權威的。對於後代子孫的行為嚴格地加以控制。如果有了什麼過錯，家長或家族中的長老必須在祖宗的面前，也就是祖廟內，審判犯錯的人。

　　c．教育的功能——中國的　教育　大部分是由　家庭　本身負起這種責

任。公共的教育可以說等於沒有。「言教不如身教」，換言之，孩子的教育最有效的方式是從日常生活中學習得到，而孩子的模範自然是父母兄姊以及其他長輩的言行。他們不僅影響一個孩子的人格，同時也影響整個家庭的聲望和延續；他們不僅教給孩子普通的常識，也教給孩子以道德的標準。尤其在貧民的家庭，父親將其技藝傳授給兒子，使其將承繼行業。中國舊式教育特色是偏重於倫理道德，而倫理道德的標準是以家庭倫理為本，因此家庭教育在傳統社會中自然負着相當重的職務。

d. 娛樂的功能——在傳統家庭和社會裏，娛樂被視為懶惰奢侈。因此除了少數的祭神節目外，很少有娛樂活動在公共場所舉行。家庭擔當娛樂的功能，人們從談話說笑中得到心理的休閒，尤其在農村社區的家庭裏，大部分的家人在晚飯後聚集在一起，庭院裏，在瓜棚下談談一天的生活情趣，講講故事，因此而得到休息，人們感覺這是最大的娛樂。

這是一個很重要的事實，中國人的生活範圍侷促於家庭內；而事實上也很少有其他的社會制度能像家庭制度那樣充分地滿足人類的基本需要。因此，在中國，家庭就擔負了大部分的社會功能。

總而言之，傳統的中國家庭是社會的不可或缺的基石，缺少了這樣的家庭制度中國社會必然瓦解。在下一章裏，我們將討論家庭變遷與中國社會變遷的影響與關係。

三、轉變時期中的中國家庭及其問題

(一)文化變遷對中國家庭的影響

十九世紀以前的中國社會可以說是一種封閉性的社會 (Closed soci-

ety)，　它與外界的接觸是相當少的，雖然在某些方面它曾經受到外界文
化的影響，如印度佛教的傳入中國。但事實上，中國文化仍然保持優秀
的地位，不因外在文化的加入而失其原有特質。中國人的生活方式，社
會組織與制度仍然保持其穩定性。安命，知足和樂天的人生哲學仍然安
定着社會的秩序。因此社會變遷是緩慢地，有秩序的，社會的整合與凝
聚力緊緊地支持着社會。

　　但是在十九世紀，尤其是十九世紀中葉之後，中國與西方文化的交
流突然地增加。西方的文化隨着他們的武器軍隊侵入中國。兩種極端不
同的文化聚合在一起，自然會造成衝突，使得維持了幾千年的舊有的生
活方式，思想體系發生了重大而急劇地變遷。個人主義的思想侵入了中
國舊有的以家族爲中心的思想；大都市的產生破壞了原有的悠閑寧靜地
農村生活；工業化和商業化的經濟思想使古老的農村經濟幾乎破產；舊
式的科舉制度廢除了，代之而起的是西式學堂……這些變遷幾乎將中國
的社會秩序沖垮，人們也不知道怎樣去適應這樣新的生活方式。文化阻
隔自然因此而產生，社會問題發生。因此有人認爲在這一段時期的中國
社會完全是一種「眞空狀態」。

　　我們知道傳統的中國社會裏家庭是社會的中心，它擔負了大部分的
社會功能，家庭與社會是整合成一體的。但是在這個轉變的時代，個人
主義逐漸代替了家族主義，工商業的企業化破壞了以家庭爲中心的農業
經濟體系，交通與大城市的興起造成了農村人口的移動，也造成了年靑
一輩的離家謀生，家庭份子很難聚集在一起，而新式的教育和思想強調
個人的自由，　因此舊式的婚姻動搖了，　而父權的家庭組織也搖搖欲墜
了。

　　本章中，我們將對這些轉變詳加敍述討論。我們將着重於其變遷方
面和對社會組織的影響。

(二)新式的中國家庭

中國家庭制度從傳統的方式變到新式的家庭，此二者最大的區別在於從 (a) 大家庭變爲小家庭； (b) 從父母之命的婚姻變爲強調個人愛情的婚姻。在下面筆者將以此二特徵爲基本說明描述新式的中國家庭。

(a) 小家庭的組織——中國的家庭制度在傳統的社會裏，它是一種父權父系的大家庭。但是新式的家庭就逐漸地傾向於小家庭制度，尤其是都市中的家庭。家庭的主幹也不再是父子關係而是夫妻關係。大多數的人，特別是接受新式教育的知識青年，開始反對一個包容數十個份子的大家庭，而只贊成一個僅包括夫婦及其未婚子女的小家庭。楊懋春教授說：「一個家庭的兒子都結婚之後，就要分居獨立。父母也不再憧憬五世同堂， 兒孫一大羣的傳統了。 即使只有一個兒子結了婚， 如果他立意脫離大家庭，出去成立自己的小家庭也容易辦到。父母不再固執反對，鄰里親戚也不十分見怪。假如這個兒子是在別處有工作，就可携帶自己的妻和子女到工作地去成立自己的家。父母不單不反對，並逐漸感覺這是當然。」[13]

由於大城市的興起與工業的擴張，需要大量的勞工，因此在鄉村的較貧苦農民的子女就自然願意到城市去工作，有許多人因此在城市裏結婚，也有人感覺到城市生活比鄉下生活豐富有趣不願囘家鄉去。而且年青的一代受新式教育，嚮往西方新的文化，這些都使中國家庭制度發生變化。

家庭份子的地位也起了顯著的變化。婦女的地位提高了。妻子不再是夫的附從體而已。她是丈夫的終生伴侶，夫婦地位已經平等。在子女

---

[13] 楊懋春：近五十年來中國家庭的變化（學術季刊三卷四期）。

身上母親和父親都有相等的權力和責任。父親對於子女不再是絕對的專
制者，而是慈愛的爸爸。在從前的傳統家庭中，父親的話就代表着祖宗
的威嚴，但是現在他也聽取子女的意見，並給予子女以同情和鼓勵。對
於年老的父母，爲人子者雖仍覺得有奉養的責任，但是由於經濟負擔的
增加和顧忌自己妻子的反對，因此希望他們儘量留在老家生活。老年人
的地位因此變得孤苦無依和淒涼。

(b) 強調個人愛情的婚姻——中國舊式的婚姻是由父母作主的。婚
姻的目的不是爲個人的幸福，而是爲整個家族的延續。因此這種婚姻是
相當不合理與不自由的。尤其在女子方面。她不過只是丈夫的附從體，
也可以說是夫家的佣人，公婆的出氣筒。吳景超教授說：「中國舊式女
子，出嫁從夫，不如說是從公婆，已嫁的女子，與其把她看做丈夫的妻
子，不如把她看做公婆的媳婦」。⑭

新式婚姻是以個人本位爲基礎的，它所強調的是個人夫妻雙方的愛
情與未來的幸福，而不顧家庭的壓力。人們開始瞭解體認婚姻是關係着
兩個人未來生活的幸福，人們也希望藉此脫離家庭的控制。以往離婚是
操之於夫家，但是現在女子也享有此等權利。我們民法親屬篇規定離婚
權是夫妻雙方所共有而不再是男方的特權。

總而言之，新式的中國家庭是一種以個人爲本位的小家庭制度。因
此在傳統的家庭制度所擔負的某些社會功能也隨着家庭制度的變遷而變
遷。這些功能變遷亦與整個社會文化的變遷汲汲相關。

(三)家庭功能的變遷

很明顯地，近代的社會和文化變遷解脫了家庭對個人的束縛，個人

----

⑭　吳景超：都市社會學 (啓明書局青年百科叢書)。

的生活範圍和環境也因此而擴大而改變。以往家庭是社會忠義的中心，而現在國家代替了家庭而成為新的忠義的中心，人們效忠國家更甚於家庭。既然家庭組織已經變遷，因此家庭功能也必然有所變遷，在下面我們將對此做一研究描述。

a. 經濟功能的變遷——以往家庭是農業經濟的中心和基本單位，它是自足自給的，是男耕女織的分工制度。但是現在由於受西方文化的影響，小型工業大見增加。這種工業是商業化的大量生產體系，它不僅是自求自給而且也要外銷他縣甚至於外省。因此它需要大量的勞工，不論男女，老式的手工業趕不上新式的工業生產，許多較為貧困的家庭子女就被送到附近的工廠做工，傳統的以家為中心的經濟體系遂破產，也因此大大的影響了家庭組織的穩定性。「當代工業的介紹進來首先打擊了傳統家庭的穩定性，而傳統家庭則是有效地工業體系的最大阻礙之一」。⑮

當代的工業體系允許婦女出來工作，而且與男性的機會均等，甚至於有些企業更歡迎以廉價的工資大量雇用婦女以代替男工，因此不能避免的破壞了傳統的男耕女織的分工體系。尤其是婦女開始掌握經濟大權。

b. 宗教功能的變遷——在嚴格的大家庭制度下，年齡是決定一個人在家庭內地位的重要因素之一。祖先崇拜是為了表示對長輩的懷念。活着的長輩，子孫極盡孝道；死了的祖先虔誠地崇拜。事實上家庭就是一個小宗教團體。但是由於西方小家庭制度的盛行，個人主義的思想和基督教的影響，此種祖先崇拜的家庭宗教功能已逐漸改變，雖然它並不像其他的變得那麼明顯和急劇。孝道逐漸式微，家庭的人倫關係也逐漸地為權利義務的西方哲學所代替。崇拜祖先在某些家庭當中被視為迷信

⑮ Marion J. Levy Jr.: *The Family Revolution in Modern China*, p. 354.

式崇拜偶像而廢棄。

　　c. 教育功能的變遷——以往的舊式教育皆與家庭發生密切的關係。家庭就像是一種最重要的教育機構。但是現在各種公立的教育機構，學校增加了相當多的數目，它逐漸代替了舊式家庭的教育功能。因為新式的工業所需的技藝和知識不是舊式的家庭教育所能傳授，年青人必須到城市中的學校去學習接受新的知識，才能操縱那些新的和有效率的工廠機器。

　　倫理本位的教育哲學開始為個人主義的教育哲學所代替。以往女子是不准或者至少是很少能接受教育的，現在她們也與男子共同享有這種權利。在上等社會裏，父母將孩子的受教育看做是一種責任和義務。當然在貧苦家庭內，孩子的受教育機會仍是很少的。

　　d. 娛樂功能的變遷——在當代的中國社會裏面，尤其是都市社會裏，各種娛樂設備如電影院，歌廳，球場等等皆已大量增加，人們因此將他們的活動範圍擴充到這些場合，也將大部分的休閒時間花費在這些場所。換言之，人們停留在家庭內的時間大為減少，尤其是工商業階級更是如此。家庭變成一個幾乎是僅供睡覺的場所，娛樂的功能，幾乎至少是大部分消失了。

(四)中國家庭問題的產生

　　人類社會是一個複雜的整體，它的各部份都是相關的。任何一種社會制度的變遷必然會影響牽連到另一種社會制度的形式和功能。但是任何一種社會變遷必須是緩慢、循序的。在社會變遷的過程中，各部份變遷的速度也不一致，有的部份變遷快；有的部份慢。在此快慢之間，必定使文化發生阻隔或失調的現象，這些現象往往造成某些社會問題。

　　中國傳統的社會是一種穩定的社會，它的社會變遷是緩慢的。但是

自從與西方文化發生接觸以後，尤其是鴉片戰爭之後西方文化大量流入中國社會，幾乎整個摧毀了一切舊有的社會程序。新的尚未建立，舊的也未完全消失。正如 Levy 講的：這個「社會旣不完全是新的，也不完全是舊的」。[16] 社會的變遷是那麼的快，而舊式的生活方式和思想則變遷得較慢，自然社會問題產生。家庭旣是中國社會的中心，因此家庭問題也緊跟着發生。

孫本文氏認為我國家庭問題可討論者有四：一為家制問題，二為婚姻問題，三為婦女問題，四為兒童問題[17]。這種討論太籠統。因此筆者在本文中所討論的與此略有不同：(a) 家制問題。(b) 老年問題。(c) 婚姻問題。(d) 婦女問題。(e) 少年犯罪問題。(f) 經濟問題。以下我們就按此逐項討論。

(a) 家制問題：中國家庭制度在變遷的過程中所表現的最大的兩個問題就是家制問題與婚姻問題。這兩個問題幾乎是其他所有家庭問題的根源。自從西方文化傳入中國以來，小家庭制已廣被知識份子所接受。雖然如此，大部份的農村社區中，大家庭制度仍是一種理想的社會標準。年老的一代仍然堅持數代同堂的理想，但是年青的一代則嚮往小家庭制。依據潘光旦氏的研究，青年人完全贊成採取小家庭制的佔百分之四〇點五；反對大家庭制的佔百分之七一；可見對大家庭制不滿的佔極大部份[18]。

但是小家庭制，事實上並不完全適合於中國社會。因為小家庭制輕視孝道，父子關係，並且忽略了子女對父母的責任。因此發生親屬分居，夫婦離異及子女叛親問題。而且由於小家庭制度強調個人的獨立和

---

[16] Ibid. p. 297.

[17] 孫本文：現代中國社會問題卷一家族問題第 111 頁。

[18] 同註[17]，第 113 頁。

平權，因此常使家庭不能統一協調，貌合神離。

(b) 老年問題：傳統家庭最優美的特徵之一是對老年人的尊敬。在舊代農業社會裏老年人代表着豐富的知識和技巧。對老年的尊敬也就是因為他有豐富的生活經驗、知識和技藝。但是在當代的西方工藝和知識下老年人變得一無所知，因此在青年人的心目中，他們的地位也因此降低了。楊慶堃教授指出：「當代受西方教育的中國青年形成了一種核心，從這裏面新的影響發芽並且漸漸地發展進入政治、經濟和社會趨勢內的領導勢力。年青人不再屈服老年人，而年齡也不再時常代表着一種個人的聲望和社會權威的記號。」[19]

事實上的確如此，外面的世界變動得太快，老年人再也趕不上時代潮流。他們所知道的技藝知識在工業化的時代中失去了作用和權威。他們變得一無所用，變成了小家庭的累贅和負擔。他在家庭中的地位突然從最尊嚴變為最卑賤，因此老年人的自殺大為增加，特別是在城市是因為那兒強調個人主義之故。換言之，孤獨造成了老年的自殺，因為再也沒有人關懷了[20]。

(c) 婚姻問題：反對傳統式的婚姻是當代家庭變遷中最顯示的一面。年青的一代強調愛情在婚姻與家庭的重要性。經由新式的教育制度和工業體系，男女兩性的接觸機會遠比在傳統社會中為多。人們能夠從他們所接觸到的異性中選擇他們的配偶。此種強調個人幸福的新式婚姻在城市裏十分流行，但在鄉村中這種婚姻僅僅是少數，因為在城市裏，年青人受電影和文學等的影響而嚮往自由戀愛，而鄉村則未曾受這些影響。

但是這種婚姻時常遭受家庭的反對。父母施壓力予這些年青的夫婦，

---

[19] C. K. Yang: *The Chinese Family in the Communist Revolution* p. 94.

[20] Marion J. Levy Jr.: op. cit., p. 306.

特別是經濟上的壓力。大多數的婚姻都缺乏經濟基礎，因此父母的經濟壓力就時常造成這新家庭的破碎，許多離婚就是這樣造成的。有些離婚的造成是由於他在家內父母早已爲他訂了婚或甚至早已結婚，但是當他們到城市求學或做工時開始不滿和反抗這種父母安排的婚姻另娶他人而與原來的配偶離婚。

婚姻的開放在初期時候所造成的悲劇大都是由於年青人過份強調戀愛的重要性，而忽略了其他一些應該注意的事情，例如雙方的性格、興趣、學問等等，沒有充分的瞭解對方，因此極易破裂造成離婚。而事實上社會也沒有適當的環境允許男女雙方婚前的瞭解。「我們這一代的悲劇是處於兩種完全不同的文化潮流中。一方面我們高談自由戀愛，自己選擇配偶；可是另一方面我們却沒有一套求愛的行爲模式和文化規範。」㉑ 如此，婚姻悲劇怎不發生。

(d) 婦女問題：婦女問題主要是指婦女解放問題，無論經濟或教育或婚姻的解放。

在舊式社會根本不談婦女教育，所謂無才便是德。婦女旣無須服務社會，又不能擔任職業，故無須受教育，而事實上她的活動範圍也從未超出家庭以外。但是現在女子感覺到教育是爭取男女平等的必要工具，如果沒有從教育權利的解放中能得到生活上必要的知識與技藝則其他的解放一概談不上。所以婦女要求接受教育的權利。同時由於早期的工業雇用大量的婦女，因此造成婦女的掌握經濟大權，獲得經濟的獨立。經濟獨立提高了婦女在家庭及社會上的地位。也更使婦女運動大爲鼎盛，她們要求一切與男性享有相等的權利。

但是女權的突然提高，雖然給婦女帶來了新的生活環境，但也在早

㉑　蔡文輝：論家庭與婚姻（臺大青年五十二年二期）。

期時代中產生許多悲劇，例如為爭婚姻自由而斷絕家庭父子關係，甚至於自殺者皆有之。另一方面婦女為了表示男女的地位平等，開始鄙視處理家務，她們認為處理家務是對女性的侮辱，視家務為累贅，她們甚至於高喊「走出廚房」。這樣的結果當然更加深了家庭問題的嚴重性。

（e）少年犯罪問題：蒲清時和洛克（Burgess and Locke）兩人在他們所著的「家庭」（The Family）一書中說：在傳統的中國家庭內是沒有少年犯罪問題的[22]。這是因為孩子被嚴格地禮教和孝道所約束，家法代表着祖先的威嚴，嚴格地控制家庭內每一個孩子的行為。但是在當代的中國家庭由於強調平權和個人主義，孩子應該絕對服從父母及長輩的觀念已經減少。家法失去了社會控制的意義，未能有效地控制家庭份子的行為。特別是在工人階級內，父母子女間接觸的機會減少、關係淡薄，自然就造成孩子向外發展活動的心理。因此易使社會不良份子接觸，受不良環境的引誘而趨於犯罪。雖然這問題在早期並不顯得很嚴重，但長此下去定日趨嚴重，證之於今日臺灣的情形可見一斑。

（f）經濟問題：以往家庭是以農為主，以手工業為副。但是現在手工業敵不過機器工業的生產，家庭經濟失其憑據，而農業又屢為商人所剝削，農民生活苦不堪言，再加以年年天災戰禍更使農業的家庭經濟崩潰。

以往家庭制度強調連帶的經濟關係，財產共有。在一個大家庭內任何一個份子的收益都是整個大家庭所共享，如某一個人發生困難則其他人皆應幫助他。但是現代小家庭制和個人主義影響了這種連帶關係的消失。份子彼此間關係減少了，互不相關各自獨立，因此當一個小家庭發生經濟困難時，他很少能再獲得其他家屬的幫助。此種連帶關係的消失

---

[22] Locke & Burgess: The Family. p. 481.

更增加了家庭問題的嚴重性。

我們現在已經將中國家庭在這個轉變過程中所發生的變遷和因此引起的一些家庭問題做了一個簡略的概述和說明，雖然由於篇幅的關係，我們未嘗詳加討論，但是至少我們已經從上所述，可以明瞭在社會變遷當中，家庭這個角色所發生的變遷是如何嚴重地影響了中國的當代社會體系。

四、結　論

傳統的中國家庭制度是一種父權父系的大家庭組織。它是社會的中心，它擔負了幾乎所有的社會功能，但是經過近幾十年來社會變遷及文化變遷影響的結果，中國的家庭制度逐漸趨向於一種平權的小家庭制，人們強調個人主義和婚姻自由。

在這變遷的過程中產生了某些家庭問題與社會問題，這些問題嚴重地影響了中國社會的安定與整合。幾十年來人們試圖去解決這些問題，社會學家也提供了不少的理想方案，但事實上到目前為止，這些問題仍然存在。

筆者相信中國家庭問題在時間的過程中將逐漸獲得合理的解決，如果我們的社會變遷和文化變遷能夠獲得協調和一致的話，因為這是基本解決社會問題的方法，至於一些所謂理想的方案只不過是用來輔導這些問題的演化，我們希望引導一些雜亂無章的社會變遷進入有計劃的變遷當中，如一切社會的變遷都能在人們的控制下，那麼社會問題也就無從發生了。至於能不能達到這個理想，那是近幾年來社會科學家所追求的目標，人類知識的進步和科學的發達，將為人類帶來快樂幸福的生活。

（原載於思與言二卷一期，一九六四年）

參考書目錄

1. 孫本文：現代中國社會問題第一册家族問題。

2. 孫本文：社會學原理。

3. 陶希聖：婚姻與家族。

4. 陶希聖：中國社會之史的分析。

5. 吳文藻：第四種國家的出路。

6. 瞿同祖：中國封建社會。

7. 陳東原：中國婦女生活史。

8. 梁啓超：中國文化史社會組織篇。

9. 高達觀：中國家族社會之演變。

10. 楊懋春：勉齋文集。

11. 蔣夢麟：西潮。

12. 胡 適：胡適文存。

13. Ruey Yih-fu: Changing Structure of the Chinese Family. Taipei, 1962.

14. E. W. Burgess & H. J. Locke: The Family. New York, 1960.

15. Liu, Hui-Chen Wang: The Traditional Chinese Clan Ruler. N. Y. 1959.

16. Lin Yuch-hwa: The Golden Wing. N. Y. 1944.

17. Olag Lang: Chinese Family and Society. Yale Univ. press, 1950.

18. H. P. Wilkinson: The Family in Classical Clina. 1926.

19. E. A. Ross: The Changing Chinese. 1911.

20. C. K. Yang: A Chinese Village in Early Communist Transition.

21. C. K. Yang: The Chinese Family in the Communist Revolution. N. Y.

22. M. J. Levy, Jr.: Family Revolution in Modern China. Harvard Univ.

press. 1949.

23. R. N. Anshen: The Family; its function and destiny. 1960.

24. Chang-tu Hu: China: its people, its society, its culture. H. R. A. F. press. 1960.

25. Martin C. Yang: A Chinese Village. The Columbia Univ. press. 1959.

26. Francis L. K. Hsu: Under the Ancestors' Shadow' Shadow. the Columbia Univ. press. 1948.

27. Hsiao-tung Fei: China's Gentry. The Univ. of Chicago press. 1953.

28. K. C. Hsiao: Rural China. Univ. of Washington press. 1960.

29. Hsiao-tung Fei: Peasant Life in China. London. 1939.

七　家庭份子間關係的研究

一、前　　言

　　對於社會關係與社會互動的研究，在當代社會學的範疇中，占有相當重要的價值與地位。社會學家在近年來也已發展出許多的理論與研究方法。事實上，社會關係與社會互動的探討不是一件簡單的事情，因為這些關係和互動，不是靜態的，而是隨時都在變化中，這種動態的社會關係與互動，要想做一個完整的研究是相當困難的。即使如此，社會學家在這方面仍已有所成就。

　　家庭份子間的關係，是維繫一個家庭的完整性的主要因素。若份子間的關係是遠的，冷淡的，甚至是敵對的，那麼這個家庭無疑地必將是一個有問題的家庭；若份子間的關係是近的，親密的，那麼這個家庭將是一個較健全的家庭。因此，對於家庭份子間關係的研究，自成為社會學家有趣的題目。在當代美國的社會學家中，致力於此題目的研究者，頗不乏人。

　　中國家庭制度，一直是影響中國社會的最主要制度。雖然在當代的中國社會裏，這種影響力正逐漸地在變遷中，但無論如何，家庭制度仍然具有它獨特的影響力。既然家庭在中國社會內是如此地重要，那麼對

於中國家庭制度的研究也就成爲社會學家，特別是中國社會學家所重視的論題。但是，不幸地，我們以往的研究都偏重於家庭結構縱的研究，雖然也有一些社會學家注重及橫的份子間關係的研究，但眞正從事於社會研究的實地調查的，則少而又少。

在社會學的領域內，筆者對於家庭制度及社會關係，社會互動等的研究和討論特別有興趣。因此以往所做的理論探討和實地研究也都偏重於這幾方面。

在這個研究裏，筆者仍想繼續討論這幾方面的論題，試圖分析家庭內橫的關係的研究。筆者試圖以中學生爲中心，刻劃出家庭份子間在不同的社會關係的內容（或者說主題）中，在關係程度上或來往頻率上的差異和距離。在某一特定的關係內容中，那一個份子與塡表者的關係最爲親近，而那些份子則較遠。本研究不僅討論家庭內的份子間的關係，而且討論家庭內份子與家庭外的老師，朋友，鄰居等份子與塡表學生在不同的關係內容之間的差異和不同的頻率。同時我們也將比較男女之間在社會關係的不同內容和同一內容下，所顯現的特徵。質言之，性的差異是否影響了關係的對象和內容。關於這些，我們將在本報告中，提供某些調查結果和事實。

二、調查方法

本研究的調查工作，開始於民國五十五年五月底，我們事先將預備好的調查表格分發到三個中等學校的學生塡寫。我們所選的對象是高中一年級的學生。我們在省立臺南商業職業學校、私立臺南六信商業職業學校及省立善化中學等三所學校內任選兩班學生塡寫表格，這兩班學生包括一班男生和一班女生。我們選這三所學校做調查，並無特別意義，

主要的是這三所學校都是男女合校。前二所學校位於臺南市，而後者則位於臺南縣。學校位置的不同並不影響調查結果，反而有助於調查資料的普遍性。在接受調查的學生中有 37.4% 是來自於臺南縣；62.6% 住於臺南市。

學生的年齡是從 16 至 20 歲之間，男學生的平均年齡是18.3歲，而女學生的年齡平均爲16.9歲。調查表格，筆者一共發出了 295 張，收回來的有 286 張，但是因爲有些表格內容不符與塡寫方法的錯誤，又捨棄了 19 份表格，因此最後用於統計分析的表格總數爲 267 份，其中男生 129 份，女生 138 份。

調查表的設計皆依筆者個人的假設設計，調查表的內容主要的是下列九種不同的家庭關係內容（或主題）：

1. 最喜歡那一個人？
2. 最喜歡和那一個人去看電影？
3. 那一個人最會管你？
4. 關於學校生活，你最希望和誰商談？
5. 每天，那一個人和你相處時間最多？
6. 當你有困難時，最希望和誰商量？
7. 當你生病時，最希望何人來安慰你？
8. 那一個人最喜歡你？
9. 最喜歡和那一個人說話？

同時我們也列舉了下面幾種與中學生發生關係的人，包括家庭內的和家庭外的人：

祖父、祖母、父親、母親、哥哥、弟弟、姊姊、妹妹、老師、好朋友和鄰居。

我們要求學生在每一種特定的關係內容（或主題）下，將上列的幾

種不同身份的人，依照與本人關係的遠近程度或來往頻率以1～11數字來安排。例如第一項「最喜歡那一個人」，如果填表者最喜歡母親，那麼在母親欄內填「1」；如果其次是姊姊，那麼於姊姊欄內填「2」，依次類推。

調查表並包括有家庭人數、年齡、籍貫和父親職望等空格，要求學生同時填寫。

統計的方法，我們是將學生在每一欄內所安排的數字累加，然後求其平均數，平均數愈小，則其與中學生在該項的關係就愈近；反之，平均數愈大，關係愈遠。

三、資料分忻

(一)特定的關係內容的敍述分析

在上面，我們曾經提到調查表格內一共列舉了九種不同的關係內容（或主題）、要學生按照關係的遠近程度或來往頻率加以安排。因此，首先我們將討論在每一特定的關係內容中，不同的對象的關係程度。我們將在此先逐項敍述，然後再進一步討論彼此間的相關性。在本報告中討論與分析將基於性別差異的基礎上討論，也許這樣更能詳細深入。

在表列的幾種家庭份子和家庭外份子中，學生所最喜歡的人，男學生是最喜歡父親；女學生則最喜歡母親。如果以平均數來表示，則在男生資料中，父親為 1.7，母親為 1.8；但在女生資料中，母親為 1.9，父親為 2.1。因此，在男生資料中，父親較母親為他們所喜愛，不過程度並沒差太多。而在女生組中，母親較父親更為他們所喜歡，相差的關係程度也略大於男生資料。換言之，在家庭內，兒子與父親在「喜歡」

的關係內容下是較近於母親；而女兒與母親的關係則較近於父親。不過無論如何，父母親與子女的關係，在家庭份子間仍是最親密的。表一是按其喜歡的程度加以排列的，我們可以看出其關係程度的差異和排列順序。

表一 「最喜歡的人」的關係程度順序

性別 ＼ 關係程度順序	1	2	3	4	5	6	7	8	9	10	11
男　　　生（平　均　數）	父親 1.7	母親 1.8	哥哥 3.4	祖母 3.6	姊姊祖父 4.1	弟弟好朋友 4.4	鄰居 5.5	妹妹 5.6	老師 5.8		
女　　　生（平　均　數）	母親 1.9	父親 2.1	姊姊 3.2	好朋友 3.4	祖母 3.7	哥哥 3.9	妹妹 4.1	弟弟 4.3	祖父 4.5	老師 4.9	鄰居 6.5

從上表，我們還可以看出哥哥和姊姊分別在男、女生資料中僅次於父母親。不過有一點比較有趣的現象是在女生資料中，好朋友的關係程度比男生資料中所顯示的爲近。這樣的情形在以後的資料中也屢次顯現。

我們剛剛討論完，學生「最喜歡那一個人」，現在我們將轉過來討論「那一個人最喜歡你」。在男生組中，父母是同等的，換言之，兒子認爲父母是同等喜歡他們。其平均數皆爲 1.9。然後其次是祖母，平均數是 2.9，這也是一個有趣的現象。祖父母疼愛男孫，特別是長孫，是中國傳統的家庭思想之一。而在我們的調查資料中所顯示的情形，正好可以證明這個思想仍然存在，這種關係（祖孫之間的親密關係）仍在。不過正如傳統的祖孫關係着重於男孫，在女孩子當中所顯現的結果，祖父母與他們的關係甚遠。祖母列七，祖父列九，都是家庭內份子的最末。從表二，這種排列的順序都可以清晰看出。

表二 「那一個人最喜歡你」的關係程度順序

性別＼關係程度順序	1	2	3	4	5	6	7	8	9	10	11
男　生	父親母親	祖母	哥哥祖父	姊姊	弟弟	好朋友	妹妹	老師	鄰居		
（平　均　數）	1.9	2.9	3.7	3.9	4.2	4.4	5.0	5.5	7.0		
女　生	母親	父親	姊姊	哥哥	弟弟	妹妹	祖母	好朋友	祖父	老師	鄰居
（平　均　數）	1.6	2.1	3.5	3.6	3.8	4.2	4.7	4.8	5.9	6.5	6.7

　　我們再繼續討論「最喜歡和那一個人說話」項，在男生組中，父母親仍為他們所最喜歡說話的，平均數同為 2.8，而女生組中，母親雖居首位，而父親却已退居第四，其與女兒的關係程度遜於好朋友和姊姊，可見父親與兒子的關係較近，而與女兒的關係較遠。而母親與兒女的關係都是最親近的。亦即兒女所最喜歡講話的對象。其次，男生資料顯示哥哥在這方面的關係僅次於父母，而女生資料中，則好朋友位居第二，可見好朋友在女生組的關係要近一些。（見表三）

表三 「最喜歡和那一個人說話」的關係程度順序

性別＼關係程度順序	1	2	3	4	5	6	7	8	9	10	11
男　生	父親母親	哥哥	好朋友	祖母	弟弟姊姊	祖父	老師	鄰居	妹妹		
（平　均　數）	2.8	3.5	4.3	4.4	4.6	5.1	5.3	5.4	5.6		
女　生	母親	好朋友	姊姊	父親	哥哥	妹妹	弟弟	老師	祖父鄰居	祖母	
（平　均　數）	2.3	2.7	2.8	3.6	3.9	4.0	5.0	5.4	6.6	6.8	

　　旣然父親與女兒的關係並不太接近，旣然女兒不大願意和父親說話，那麼，當她有困難時，以及當她外出看電影時，以及她和父親的相處時

間就少，有困難時就不太願意與父親商量解決，看電影也自然不喜歡跟父親一道出去，這都是彼此互相關聯的。在下面我們將繼續討論。

有困難時，父母親仍然是兒子所最希望商量的對象。平均數同為 2.1，其次為哥哥 2.8。而在女生組中顯示，母親與女兒在此種關係內容下，仍是最親近，平均數為 1.9，姊姊其次，平均數為 2.9。而父親屈居第四，遜於母親，姊姊和好朋友。無論在男女資料中，祖父都是家庭份子間，最後地位的。尤其女生組表現得更顯明。（見表四）因此我們可以知道在現代的中國家庭內，祖父的影響力已大為減退，在舊式的傳統家庭內，祖父的經驗和知識常是子孫後輩解決困難的依據，而現在這一切都已過去了。雖然他在家庭中，仍保留些少許的權威和約束力。

表四　「有困難時最願意和那一個人商量」的關係程度順序

性別 \ 關係程度順序	1	2	3	4	5	6	7	8	9	10	11
男　　生	父親母親	哥哥	好朋友	姊姊	弟弟	祖母	祖父	鄰居	妹妹		
（平　均　數）	2.1	2.8	3.3	4.6	4.9	5.2	5.7	6.7	7.7		
女　　生	母親	姊姊	好朋友	父親	妹妹	哥哥	老師	弟弟	祖母	鄰居	祖父
（平　均　數）	1.9	2.8	3.0	3.3	3.4	4.1	5.0	5.4	5.5	7.5	7.7

生病時的安慰也常能表現人與人之間的親密關係。在本調查中顯示父母親仍是子女所最希望獲得的安慰，尤其是母親，其平均數在男生資料中為 2.0，女生資料中為 1.5。其次為父親的 2.2 與 2.3。再其次好朋友與兄姊的安慰也是希望獲得的。（見表五）

從上面所列舉的幾種特定的關係內容來看，好朋友所扮演的角色是相當重要的，他們之間的關係往往僅次於父母。這種深刻的關係，我們還可以從下面的討論中，繼續得到證明。

表五 「生病時最希望那一個人的安慰」的關係程度順序

性 別 ＼ 關係程度順序	1	2	3	4	5	6	7	8	9	10	11
男 生 （平 均 數）	母親 2.0	父親 2.2	好朋友 3.3	哥哥 3.7	祖母 3.8	姊姊 4.2	弟弟 4.3	祖父 4.8	妹妹 5.6	老師 5.9	鄰居 6.6
女 生 （平 均 數）	母親 1.5	父親 2.3	姊姊 3.4	好朋友 3.5	哥哥 4.3	妹妹 4.6	祖母 4.8	弟弟 5.6	祖父 5.9	老師 6.0	鄰居 7.1

好朋友是男生組中他們最喜歡一起去看電影的人。其平均數為2.2。
而在女生組中，雖然次於姊姊，但是兩者所差極小，前者為 2.3，後者
為 2.2，因此可知好朋友在「看電影」這關係內容下極為重要。至於父
母則較後。這是一個很明顯的事實，年齡的相差的大小，影響了看電影
伴侶的選擇，哥哥、姊姊、好朋友三者的年齡相差極小。除此之外，
性別的差異也影響學生看電影伴侶的選擇，男生組與哥哥、弟弟和好朋
友（通常中學生所指的好朋友，不包括異性朋友，尤其是中學生交異性
朋友的為數極小）要比跟姊妹去看電影次數為多，而女生組中，其與姊
姊、妹妹、好朋友、母親一起去看電影的次數遠比跟父親、哥哥、弟弟
一起去看電影的次數為多。（見表六）

表六 「最喜歡和那一個人去看電影」的關係程度的順序

性 別 ＼ 關係程度順序	1	2	3	4	5	6	7	8	9	10	11
男 生 （平 均 數）	好朋友 2.2	哥哥 2.9	父親 母親 3.4	弟弟 3.8	姊姊 4.1	妹妹 5.5	鄰居 5.8	祖父 5.9	老師 6.3	祖母 6.4	
女 生 （平 均 數）	姊姊 2.2	好朋友 2.3	母親 3.4	妹妹 3.9	父親 4.1	弟弟 4.5	哥哥 5.5	鄰居 6.4	老師 祖母 6.4	祖父 7.5	

　　本調查的對象是以中學生爲對象，則學校生活自然就成爲他日常生活極重要的一部，學校的環境、老師、同學給予他的影響自然不少。因此在家內，他往往會談論學校所發生的某些事情。也因此從他所喜歡談學校生活的人的分析，也可以找出彼此間的關係程度。

　　表七顯示，好朋友是談論學校生活的最主要的對象，這種現象同樣表現於男生與女生的資料內。其次哥哥和姊姊分別在男、女生資料中佔第二位，這主要的是因爲哥哥和姊姊大都是在學學生或者都已有學校生活經驗，所以談起來可得共鳴。再其次爲父母。（見表七）

表七　「最喜歡和那一個談論學校生活」的關係程度順序

性別 ＼ 關係程度順序	1	2	3	4	5	6	7	8	9	10	11
男　　生	好朋友	哥哥	父親	母親	老師	姊姊	弟弟	鄰居	妹妹	祖父祖母	
（平　均　數）	2.3	2.7	3.4	4.2		4.4	4.5	6.1	6.4	6.5	
女　　生	好朋友	姊姊	母親	哥哥	妹妹	父親弟弟	老師	祖母	鄰居	祖父	
（平　均　數）	2.2	2.8	2.9	3.5	3.7	3.9	4.0	4.1	6.6	8.7	

　　日常接觸來往的時間的長短，往往可以用來表現人與人之間關係的程度，若交往的頻率高，則關係近；若交往的頻率低，則關係遠。因此在本研究中，學生所安排的次序，關於每天那一個人和他相處時間的多寡的測驗，也有助於我們瞭解家庭內和家庭外關係的密疏。

　　母親是男生資料中，每天相處最多的人。父親與好朋友其次，換言之，母親與兒子的相處時間較長於父親與兒子之間。但在女生資料中，好朋友則佔第一位。其次爲母親，而父親則次於老師與妹妹之後，位居第五。可見父親與女兒的關係，從每天相處的時間上來看，是較疏遠的，這種情形和上面討論過的幾種情形類似。父親與兒子間的關係近，父親

與女兒間的關係則較遠。如果以子女與父母兩者來論，則母親與子女的關係較親於父親於子女的關係，也許父親的尊嚴和工作上的關係而影響了他與子女間的親密感情吧。（見表八）

表八　「每天相處時間」的關係程度的順序

性別＼關係程度順序	1	2	3	4	5	6	7	8	9	10	11
男　生（平　均　數）	母親 2.6	父親 好朋友 2.9	哥哥 3.6	老師 3.8	弟弟 4.0	祖母 4.6	姊姊 5.2	妹妹 5.3	祖父 鄰居 5.4		
女　生（平　均　數）	好朋友 2.4	母親 2.6	老師 3.7	妹妹 3.8	父親 4.1	姊姊 4.1	弟弟 4.1	哥哥 4.7	祖母 6.0	鄰居 6.3	祖父 7.8

　　最後我們要加以討論的是家庭權力方面的情形。我們試圖觀察家庭權力的分配情形，這也是份子間關係的要項。

　　無論是男女生的資料，都顯示父母最會管他們。在男生組，父母的平均數同為 1.7；女生組則母親為 1.7，父親 2.1 差距不大。這是一個很重要的事實，因為由此我們可以證明當代的中國家庭是一種「平權家庭」，尤其在對子女的管束上。而且似乎有一種傾向，即母親對子女的管束力稍強於父親。

表九　「那一個最會管你」的關係安排順序

性別＼關係程度順序	1	2	3	4	5	6	7	8	9	10	11
男　生（平　均　數）	父親 母親 1.7	哥哥 3.0	祖父 3.5	姊姊 3.9	祖母 4.2	老師 4.6	好朋友 5.2	弟弟 6.2	妹妹 6.4	鄰居 6.9	
女　生（平　均　數）	母親 1.7	父親 2.1	哥哥 3.0	姊姊 3.3	祖父 3.8	老師 4.7	弟弟 4.9	祖父 5.0	妹妹 5.2	好朋友 5.8	鄰居 7.4

此外，哥哥所扮演的角色也極爲重要，在這兩組資料中顯示哥哥的管束力僅次於父母。

另外，祖父在男生組中列居第三，可見祖父仍然有些微的權威存在。不過在女生組中，祖父所表現的權威僅大於妹妹。

上述幾種現象都可從表九發現。

(二)整體觀點上的敍述分析

在前面，筆者已將各項特定的關係內容（或主題）逐項做一討論和分析。現在我們將再從整體的觀點上比較分析各項特定關係內容的彼此關係和所構成的整體關係。

因此我們在這裏將上述內容，從表一到表九的關係程度順序集中安排，重組成表十，而得一較簡明且較具體的圖表。從表十，我們將更容易比較不同的關係對象在不同的關係內容中所呈現的程度順序。

按照表十的排列順序，我們可以發現無論在男女生組中，母親在大部分的特定關係內容中與子女的關係最爲密切和接近。其次爲父親。不過在男生資料中，有數種關係內容，父母是併列的，換言之，父母與兒子的關係在關係內容之第三、第六、第八和第九類是具同等的關係程度的。而在女生資料中，此種情形則無。其他如哥哥，姊姊也都較別的關係近。而家庭外的份子，好朋友的關係也很接近，尤其在女生組中，此種情況更爲明顯。

爲了更簡明起見，我們再將表十所列的程度順序數字累加再求其平均數。則平均數的大小足可表明在所有關係內容中，亦卽在整個的家庭關係和社會關係中，每一個家庭內份子和家庭外的份子塡表學生的程度，關係距離和交往頻率的高低。此種結果顯示於下表：

從表十一的平均數，我們求得在男生組中，母親與父親皆爲 1.7 小

表十　家庭份子間關係安排順序之比較

性別	關係	關係內容對答	祖父	祖母	父親	母親	哥哥	弟弟	姊姊	妹妹	老師	好朋友	鄰居
男生	1	最喜歡那一個	5	4	1	2	3	6	5	8	9	6	7
	2	最喜歡和那一個去看電影	8	10	3	3	2	4	5	6	9	1	7
	3	那一個最會管你	3	5	1	1	2	8	4	9	6	7	10
	4	最喜歡和那個個談學校生活	10	10	3	4	2	7	6	9	5	1	8
	5	每天和那一個相處時間最多	9	6	2	3	3	5	7	8	4	2	9
	6	有因難願意和那一個人商量	7	6	1	1	2	7	5	9	4	3	8
	7	生病時最希望那一個人的安慰	8	5	2	1	4	7	6	9	10	3	11
	8	那一個人最喜歡	3	2	1	1	3	5	4	7	8	6	9
	9	最喜歡和那一個人說話	6	4	2	1	2	5	5	9	7	3	8
女生	1	最喜歡那一個	9	5	2	1	6	8	3	7	10	4	11
	2	最喜歡和那一個去看電影	10	9	5	3	7	6	1	4	9	2	8
	3	那一個最會管你	8	5	2	1	3	7	4	9	6	10	11
	4	最喜歡和那個個談學校生活	10	8	6	3	4	6	2	5	7	1	9
	5	每天和那一個相處時間最多	11	9	5	3	8	7	6	4	3	1	10
	6	有因難願意和那一個人商量	11	9	4	1	6	8	2	2	7	3	10
	7	生病時最希望那一個人的安慰	9	7	2	2	5	5	3	6	10	4	11
	8	那一個人最喜歡	9	7	1	1	4	5	3	6	10	8	11
	9	最喜歡和那一個人說話	9	10	4	1	5	7	3	6	8	2	9

表十一　家庭份子間關係之比較　　　（平均數）

性別 ＼ 關係對象	祖父	祖母	父親	母親	哥哥	弟弟	姊姊	妹妹	老師	好朋友	鄰居
男　生	6.5	5.8	1.7	1.7	2.6	5.8	5.1	8.2	6.9	3.6	8.6
女　生	9.6	7.7	3.6	1.6	5.3	6.9	3.0	5.8	7.8	3.9	10.0

於其他所有的人。換言之，父母親在整個家庭關係上的來往頻率或關係程度對兒子是同等的。其次爲哥哥 2.6，其次則爲好朋友 3.6（如果我們不將第 3 項計算在好朋友內，則平均數爲 2.8）。

至於女生組，母親仍列第一，平均數爲 1.6，姊妹其次，平均數爲 3.0，父親再其次，則其平均數爲 3.6。好朋友在整個九項關係內容累加，所得平均數爲 3.9，遜於上列諸人。但是如果我們不將第 3 項「那一個人最會管你」計算在內，則其平均數遽減至 2.8，僅次於母親，可見好朋友在女生組中的關係是相當重要的。家庭外的關係超越了家庭內的關係，這是很值得強調的事實。至於父親則甚淡，淡於母親、姊姊，甚至於好朋友（如果我們不算第 3 項的話）。如此得知父女之間的關係淡於父子之間的關係，也淡於母女之間的關係。

另外，從整體來講，我們還發現相衝突的關係內容，並不影響關係的來往頻率，例如在第三項中，無論男女生組都列母親第一，也就是最會管他們。可是子女並不因此而憎恨母親，遠離母親，母親與子女的關係並不因此而減少，相反地，他們之間的關係却是最親密的。同樣的情形也發生在其他份子間關係上。這也是一個頗值得重視的事實。

四、結　論

綜上所述，我們得到以下的事實：

(一)從整個家庭關係來講，母親與子女間的關係最爲接近，也最爲親密。而父親則與兒子的關係較近於他與女兒的關係。兄弟姊妹間的關係亦比祖父母與孫子女間的關係爲近。

(二)性別的差異表現於關係程度上發生有顯著不同的影響。同性的家庭份子的關係較近於異性的家庭份子。例如男生之對哥哥，女生之對姊姊，關係皆較親近於男生之對姊姊和女生之對哥哥。性別的差異還表現於對父母的關係，從整體上來講，兒子與父母間的關係是同等接近的，而女兒與父母間的關係則表現有較大的差距。母女間的關係遠比父女間關係爲親爲近。

(三)不同的特定的關係內容影響了不同的關係對象的關係程度的順序，亦即影響了來往頻率的次數的高低。不過差異的幅度並不大。

(四)相衝突的關係內容(或主題)並不產生相衝突的結果。換言之，相衝突的關係內容並不疏遠或減低同一對象間彼此的關係。

(五)家庭外的份子，如好朋友，在某些特定的關係內容中，有時超越家庭內份子間彼此的關係。這種現象，尤其表現於女生中。不過老師和鄰居所扮演的角色並不大重要。

(六)家庭的權力分配，在對子女的管束力上，父母親有同等重要的管束力，而且似乎母親對子女的管束力略強於父親。大致上來講，現代的中國家庭在對子女的管束力上是平權的，至少在本調查中顯示有這樣的事實。除了父母之外，哥哥的權威似乎也是相當重要的，在我們的資料中都顯示哥哥的權威僅次於父母。至於祖父的權威雖仍存在，然已無

太大的約束力了。

　　(七)傳統的一種家庭關係：祖父母疼愛男孫的關係仍然存在。在本研究中，男生表現了他們對祖父母的喜歡以及他的被祖父母所喜愛。

附記：筆者非常感謝省立善化中學曹校長書勤和劉老師光義的幫忙，也感謝好友施良融先生、同事汪整漢先生的幫忙，協助抽樣的選擇和填寫調查表格，也謝謝省立南商的幾位同學幫忙統計資料。最後，我還要特別向臺大社會學系龍主任冠海表示敬意，如果沒有他的鼓勵和指導，筆者將不可能完成此研究和獻身於社會學的研究。

　　　　　　　（原載於思與言四卷二期，一九六七年）

八　中學生對家庭與婚姻態度之研究

一、前　言

　　自從十九世紀以來，中國社會一直處在一種動盪不安的情況中。西方的文化在那個時候開始大量的傳入中國，並且和傳統的中國文化廣泛接觸，這兩種不同性質的文化因廣泛接觸而發生衝突。新的文化體系大量的傳入中國，特別是在年青的一輩當中，這種新的文化體系大受歡迎。但是事實上，舊的文化體系和價值觀念仍然緊緊地控制着這個古老的社會。年老的一輩試圖維持這個正在急速變遷的社會，而年青的一輩却又積極地反抗那些舊有的文化體系，因此這兩代之間發生衝突並造成許多悲劇。

　　這些衝突當中，最明顯和最嚴重的是表現在中國家庭制度上。傳統的中國家庭是一種父權父系的大家庭組織，也是一種以男性為本位的家庭組織。在這種制度下，婚姻的安排完全是由父母代為安排，婚姻的目的是為整個家族的延續而非為個人的幸福與快樂。但是在近百年來，這種傳統的家庭制度已受到嚴重的考驗，西方的家庭制度強調個人的愛和幸福，強調男女平等和小家庭的組織。此種新式的家庭制度影響了年青

的一輩，使年青人反抗並試圖擺脫傳統家庭的束縛。特別是在民國初年，中國家庭制度由於受上述的影響而發生變遷，雖然變遷的速度並不很快，但是這些變遷影響了中國家庭制度未來的發展。

本文的目的是想從實地的調查研究當中去發現在過去幾十年來的中國家庭發生了那些變遷，並且也試圖去預測將來可能發展。在這裏，我們是以中學生的父母這一代來討論過去的變遷，因為這一代的人大部分是經歷那個變遷的時代，同時我們也以中學生本人對其未來的家庭與婚姻的態度上來預測中國家庭制度未來的可能發展趨勢，並且我們將依據這兩代的資料來分析家庭的可能變遷是在那些方面及變遷的程度如何。

二、調查方法

本調查的時間為一九六二年二月。調查地點為臺南市。本調查的對象包括省立臺南二中及省立臺南女中，前者為男校，後者則女校。

抽樣的方法是將此二間中等學校的高二和高三學生總數中抽取五分之一的人數接受調查。而再將此五分之一的總抽樣數平均分配於每班學生。換言之，即在高二和高三的學生中每班抽取五分之一的人數接受調查。該兩校高三和高二學生的總數為一五○三名，依五分之一的比例，我們一共抽取了三○一名學生接受調查，不過因為其中有九份調查表的資料欠完整，我們只好捨棄不用，因此實際上我們的抽樣數字為二九二名學生，其中臺南二中男生計一四○名，佔總數百分之四八；臺南女中女生計一五二名佔總數百分之五二。

在這些被抽取的學生當中，本省籍的學生為二二○名；而外省籍的學生計有七二名。前者佔總數百分之七五點四，後者則佔百分之二四點六。

學生的年齡大約從十七歲至二十歲之間。絕大多數的學生現都居住於臺南市和臺南縣兩地。

調查的方法是利用我們事先準備好的調查表分發給兩校中我們所抽出的學生來填寫，調查表的內容包括兩大項目：

①是填表的學生現有的家庭狀況。這一部分的內容具有關學生的父母的婚姻狀況，教育程度，日常生活情形，家庭權力的分配和家庭內現有的子女數等等。

②是填表的學生對其將來的婚姻和家庭的態度。在這一部分的內容是包括學生本人希望將來採何種方式結婚，選擇配偶的條件，家庭內權力的分配，希望生育幾個孩子等等。

調查表的設計，大部分是用間答方式的，即在某一個問題下，列有幾個可能的回答，讓學生從這幾個當中批選一個較適當的答案。例如：「你是否認為婚前的戀愛是必須的……(1)是(2)否(3)無意見。」

至於關於家庭現有的孩子數和中學生本人希望生育孩子的數目，我們是要學生詳填實在數字，而不用選擇法。例如：「將來你希望有幾個孩子？——（請詳填數字於空格內。）」

三、資料分析

(一)中學生目前家庭狀況之分析

我們都知道在中國傳統的社會當中，婚姻是為整個家族的延續而非為夫婦雙方的幸福，因此子女的婚姻是由父母來決定，為人子女者必須服從父母的安排和決定。此種方式的婚姻在中國流傳了二千多年，直到清末民初，由於受外來文化的影響和社會本身的種種變遷的影響，人們

才開始強調婚姻與家庭幸福的關係。一些知識份子否認了婚姻僅僅是爲了延續香火的觀念，這些人強調由自己來選擇配偶並重視愛情與婚姻的相關性。

在我們的研究當中，他們把前一種由父母之命的婚姻方式稱之爲「傳統式的婚姻方式」另外把後一種由自己選擇配偶的婚姻方式稱之爲「新式的婚姻方式」。

依照這種分類法，中學生的父母結婚時的方式在我們所得的資料中有百分之五七點五是依傳統的婚姻方式而結婚的，至於新式的婚姻方式則佔有百分之十七點一，其餘的百分之二五點三則未回答是依何種方式結婚。

從這些資料所顯示的，在父母這一代的婚姻仍然是傳統式的方式佔大多數，不過也有將近五分之一的人是採用新式的婚姻方式。也許單單從這個比例來討論有點太簡單，如果我們再把這項資料根據不同的籍貫來分析的話，那麼我們很明顯地可以看出在中學生父母這一代的婚姻方式。（見表一）

表一　中學生父母的省籍與婚姻方式之比較

省　　　　籍	傳統式的婚姻	新式的婚姻	未　回　答	總百分比
本　省　籍	70.9	7.3	21.8	100
外　省　籍	16.6	47.2	36.1	100

從表一關於不同籍貫的比較分析來看，很明顯地，外省籍人士的婚姻方式要比本省籍人士的婚姻方式更接近新的婚姻的方式。表一是將抽樣總數中的外省籍學生總數（七二名）爲百分之一百，則有百分之四七點二的外省籍學生父母是新式的婚姻。同樣的，我們也以二二〇名本省

籍學生的父母為百分之一百，　則僅有百分之七點三是新式的婚姻。　此二者之所以有差別是因為本省籍的學生父母結婚時代還是由日本佔據臺灣，舊有的生活方式改變的不多。但是外省籍的學生父母那時正是五四運動影響最激烈的時候，也是反對傳統家庭的束縛的口號叫得最響的時候，所以當時的年青人都自己試圖為自己安排婚姻。換言之，大陸的年青人在那時代中反對傳統家庭的浪潮要比本省同胞積極，因此自然就造成在婚姻方式上本省籍人士和外省籍人士的差別。

　　中學生父母的婚姻方式的不同對家庭的生活亦有關聯。表二是從他們平常所發生的吵架的不同原因來觀察此二者之關聯。

　　從表二的資料結果來看，不同的婚姻方式在其吵架原因上並無太大的差異，不過在傳統式的婚姻當中，因性格差異的原因而吵架的百分比較其他各項略高一些；　而在新式的婚姻當中，　從無吵架的比例則略高於其他各項。經濟和子女問題在此二種不同的婚姻方式中並無顯著的特徵。（見表二）

表二　中學生父母的婚姻方式與其吵架原因

吵 架 原 因	傳統式婚姻	新 式 婚 姻	未　回　答
經 濟 原 因	25.5	20.0	20.3
性 格 差 異	29.7	22.0	27.0
子 女 問 題	24.5	26.0	32.4
從 無 吵 架	20.3	32.0	20.3
總 百 分 比	100	100	100

註：未回答是指接受調查的學生不知道（或未回答）他們父母結婚時之方式，
　　本項所列百分比是以未回答之總數為百分之一百，求在此項內各種不同的
　　吵架原因之分配情形。又以表三「未回答」項之計算方法仍依此。

婚姻方式的不同所顯現在家庭權力的分配上亦無很大的差異。絕大多數的家庭是由父母雙方共同決定家庭內的事務，而非單由任何一方所把持而決定。不過我們發覺到在新式的婚姻方式下，由母親決定事務的比例要比由父親決定的比例的要高。這是一個很有趣的事實，也許這是新式家庭內父權衰微的一種象徵吧。（見表三）

表三　中學生父母的婚姻方式與家庭權力之分配

家庭內權力之分配	傳統式婚姻	新 式 婚 姻	未　　回　　答
父　親　決　定	21.5	6.0	17.5
母　親　決　定	13.6	14.0	4.0
父母共同決定	64.9	80.0	78.5
總　百　分　比	100	100	100

家庭內現有的子女數，據資料統計的結果平均為五點四四人。換言之，即每一個家庭平均有五點四四個孩子。

(二)中學生對將來婚姻與家庭之態度

在原來的調查計劃當中，這一部分是相當重要的主題，我們是希望能預測中國家庭制度的可能發展。

根據我們調查所得的資料所表示，有百分之五十二的學生希望由自己選擇配偶，僅僅有百分之十四的學生願意由父母代為安排。由此可知，大部分的學生都希望由自己選擇配偶。

關於選擇配偶的條件上，有百分之七九點七的學生認為將來的配偶的性格應和其性格相同。婚姻與愛情的相關，有百分之七一點四的學生認為愛情是婚姻的第一要件。同時也有百分之六四點七的學生則認為婚

前的戀愛是必須的。（見表四）

表四　中學生對未來配偶的選擇的態度

(A)	對婚姻方式之態度 { 1. 新式的婚姻方式……………………	52.0
	{ 2. 傳統式婚姻方式…………………	14.0
(B)	配偶的興趣和性格應相同……………………………	79.7
(C)	愛情是婚姻的第一要件………………………………	71.4
(D)	婚前的戀愛是必須的…………………………………	64.7

註：本表所列A、B、C、D各項之百分比皆各自獨立計算，即A＋B＋C＋D
　　不等於百分之一百，換言之，本表所列之百分比僅指各單項之肯定答案，
　　爲簡明起見否定與未知欄皆未列入本表。

　　在婚禮的儀式方面，大多數的學生贊成一種簡單樸素的儀式而不希
望大事舖張，過份浪費。調查結果的百分比當中有百分之七二點六的學
生希望婚禮簡單樸素；僅有百分之七點五的學生希望大事舖張。在配偶
的經濟狀況的要求方面，有百分之七三點六認爲對方應有經濟基礎。如
果再詳細地把男女分開討論，則女學生希望將來的丈夫應有經濟基礎的
比例相當高，計佔女生總數百分之九三點四。但是男生對其將來妻子的
經濟基礎的考慮則較女生所考慮者爲低。資料當中表示有百分之五二點
一是希望將來的配偶也要有經濟基礎以補丈夫之不足。（見表五）

表五　經濟基礎與婚姻關係

性　　　　別	應　　有 經濟基礎	不必有 經濟基礎	未　回　答	總百分比
男學生的態度	52.1	23.5	24.4	100
女學生的態度	93.4	2.0	4.6	100

　　另外有將近一半的學生願意婚後仍與父母同居一處，但也有三分之一的學生則希望另組新的家庭，不願與父母同住一處。前者佔百分之四六點五；後者則佔百分之三二點一。可見即使在中學生未來的家庭上，婚後分家的觀念仍佔少數。

　　家庭內權力的分配，絕大多數認為應由夫婦雙方共同擔負，而非偏重於那一方面，持此態度的學生計佔總數百分之九一。

　　中學生希望於結婚後生育孩子的數目平均為三點四五個。絕大部分的學生，不論男學生或女學生，他們理想的子女數目為三個到四個。（見圖一）

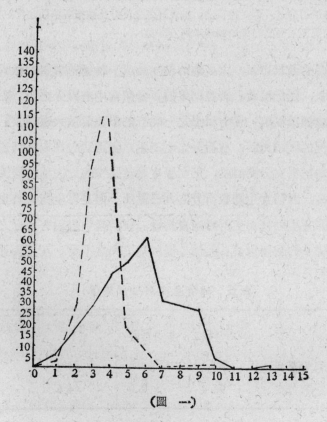

（圖　一）

綜上所述，可知中學生對未來的婚姻的態度與傳統中國家庭制度是有很大的差異的。現代的青年人強調自己選擇配偶，愛情對婚姻的重要性。並且他們也強調男女平權的觀念。不僅他們的態度是和傳統家庭有所差異，卽與其父母那一代也有差異。因此在下面我們將討論分析這兩代家庭的可能變遷。

(三)不同兩代的比較及其可能的變遷

在前面二小節內，我們已經將中學生父母那一代和中學生本身所希望的婚姻與家庭分別做了詳細地分析，在這裏我們將把這兩代連貫起來做一番比較分析的研究，我們試圖找出此兩代可能的變遷。

首先我們將比較婚姻的方式在中等學生的父母與中學生本身之間的可能變遷。在前面我們已經知道在中學生父母那一代新的婚姻方式已被人們所採用，但是至少還有一半以上的人是採用傳統方式而結婚。而中學生這一代所希望的婚姻方式則有一半是希望採新的方式，僅有五分之一願採傳統的方式結婚。（見表六—A）

表六—A 兩代婚姻方式的變遷

兩 代 的 婚 姻 方 式	傳統式的婚　姻	新 式 的婚　姻	未 回 答	總百分比
父 母 結 婚 時 之 方 式	57.5	17.1	25.3	100
中學生希望結婚之方式	17.4	58.9	23.7	100

很顯然地，表六—A已經顯示出此二者的婚姻方式已發生變遷，卽從傳統式婚姻的優勢轉變爲新式婚姻的優勢。

如果我們更詳細地討論，我們可以從父母的不同的婚姻方式來分別

討論中學生的態度，這些不同的方式是否影響了中學生的態度以及每一種婚姻方式內容各自的變遷程度。表六—B即以表六—A為基礎擴充分析而成的。

表六—B　兩代婚姻方式的變遷

父母的婚姻方式 中學生希望的婚姻方式	傳統式的婚姻	新式的婚姻	未　回　答
傳　統　式　的　婚　姻	23.2	10.0	9.4
新　式　的　婚　姻	54.7	78.0	55.4
未　　　確　　　定	22.1	12.0	35.2
總　百　分　比	100	100	100

依上表的資料，我們很明顯地可以看出在父母是由傳統方式結婚的，他們的子女當中已有三分之一以上是希望由自己選擇配偶。只有百分之二三點二仍舊願意依傳統方式結婚。至於父母是新式婚姻的中學生當中，絕大多數仍希望由自己選擇配偶，計估百分之七八的比例，但也有百分之十願依傳統方式結婚，這個比例不高。由此可見不論父母的婚姻方式是傳統式或新式的，大部分的中學生都希望由自己選擇配偶，即新式婚姻。

在家庭主權的分配方面，父母這一代的大部分的家庭是由夫婦雙方

表七　兩代家庭權力的分配的比較

家庭權力的分配 兩代的態度	父親決定	母親決定	父　母 共同決定	總百分比
父　母　的　態　度	17.8	11.4	70.8	100
中學生自己的態度	5.4	3.4	91.0	100

共同擔負，而在中學生對這一方面的態度仍和上一代一樣重視夫婦雙方共同的責任。在表七，我們可以看出這兩代的一致，不過這一代要比上一代更強調這一種態度。

家庭內子女數目的比較，中學生所希望要生育的子女數較他們父母所已生育的子女數爲少。中學生希望生育子女數平均爲三點四五，而其父母所已生育的子女數平均爲五點四四，由此可見在家庭的大小 (family size) 方面，此二代已有漸減的趨勢。

爲了更詳細說明起見，我們特將所有接受調查的中學生父母所生育的子女的數目與中學生所希望生育的數目繪製一圖，這樣將更易於明瞭上一代和年靑的一代大部分人所生育和所希望生育的孩子是多少。（見圖一）

四、結　論

從以上的分析，我們獲得如下的結論：

1. 在中學生父母那--代當中的婚姻方式，雖然已有新式的婚姻方式被採用，但是傳統式的婚姻方式仍佔優勢。

2. 中學生父母與中學生大都認爲家庭權力的分配應由夫婦雙方共同決定。

3. 中學生對婚姻的態度，絕大多數希望採新式婚姻方式，卽由自己選擇配偶。

4. 中學生對婚姻的態度是強調愛情的基礎和彼此興趣及性格的一致。

5. 家庭內子女數目有漸減的趨勢，因中學生希望在結婚後所生育的子女數目要比他們父母現已生育的數目爲少。

6. 就整體而言，中國家庭制度可能變遷的趨勢是傾向於平權的小家庭制度，並且將來的中國家庭將是強調夫婦的愛情基礎和相互的瞭解。

（原載於思與言二卷三期，一九六四年）

九　臺灣廟宇占卦的一個研究

一、前　言

　　近十幾年來，臺灣的社會變遷可以說是相當的劇烈。高度的工業化和都市化已在我們的社會裏產生某種程度的影響；傳統價值觀念的拘束力則逐漸地衰退；　人與人之間的關係也逐漸地由初級的關係 (Primary relations) 轉變成次級的關係 (Secondary relations)。事實上，這些社會的變遷已使目前臺灣社會成為一種所謂開發中的社會 (Developing Society)。

　　雖然如此，我們却無法否認在我們目前的社會裏，仍有不少的社會體系 (Social Systems) 並沒有多大的改變，甚或全無改變。特別是在社會價值體系的改變，　其速度與工業化和都市化的速度相差太遠。　事實上，某些價值體系仍然阻礙着我們的社會發展，而經濟發展也因此而停滯不前。

　　這是一個很明顯的事實，　社會制度的功能是相互重疊，　相互影響的。任何一部門的變遷都可能影響到另外部門。沒有一種社會制度是能完全獨立的。因此當我們計劃我們未來的經濟發展時，　我們就不應該忽

略掉其他社會制度的發展，如此我們的經濟發展（或者更廣泛地說社會發展）才能達到理想。

在目前我們的社會裏，我們對於經濟制度，教育制度和政治制度的瞭解可以說都已有相當的基礎。我們太過於重視上述制度的探討，以致於常常忽略掉其他社會制度的瞭解。而在這些被忽略的社會制度中，宗教制度就是其中之一。

我們知道宗教信仰是人類社會裏一種普遍的模式和制度。爲了對未知（un-known）的事物作一解釋，人類乃發展出一種超自然或超其本身能力的徵記，用以解釋其所面臨的焦慮和不安。初民社會是如此，而在當代高度工業化的社會裏，此種宗教信仰的基本功能並未減低。誠然，機械化工具的使用和科學的不斷探討雖然解決了某些以往的疑懼，然而環繞於我們四周的仍然是一大片的「未知」。因此卽使在目前這樣的社會裏，宗教的功能仍繼續地在傳播和廣泛地被使用。

在臺灣，我們很難明確的劃分各種宗教的分界。傳統的民間信仰在人們的心目中仍具有相當大的影響力。尤其是在鄉村社區中，此等影響力更爲顯著，某些政治和經濟行爲仍受宗教的影響，而執行此種宗教儀式的人也就因此而具有崇高（但非絕對）的地位。雖然此種現象已發生了某種程度的變遷。

爲了明瞭宗教信仰對人們日常生活的影響，我們乃進行這個研究工作。我們選擇占卦的行爲做爲我們分析的工具，並試圖以此做爲我們研究臺灣宗教行爲的指標（Indicator）。在目前臺灣的廟宇中以道教廟宇最多，因此我們乃以道教廟宇爲我們的研究對象。我們也都知道在臺灣的道教裏，人與神的溝通（Communication）是藉着這兩種方式進行的：一爲到廟裏抽籤，由籤意來解釋神的看法，另一爲問乩童或童箕由他來代神發言。後者通常是比較秘密的；而前者則較公開。並且通常廟裏都有

一位「釋籤者」以供信徒詢問籤意，本研究乃以此種抽籤的溝通方式爲研究對象。我們試圖從籤的內容、性質和抽籤者的個人背景上來分析此種宗教信仰的行爲，並探討出我們目前這個社會的焦慮何在？本研究之設計，主要是基於下列兩個基本假設：

(一)抽籤人數之多寡與教育程度之高低成正比。

(二)廟宇所奉之神祇的性質與抽籤者之需求內容相關。

二、研究方法

本研究於民國五十五年八月間開始進行。我們在臺南市挑選了三個「最有名」的廟宇做連續一個星期的觀察，訪問和記錄。所謂「最有名」是指該三廟宇所抽出的籤的內容與抽籤者實際所發生的事實相吻合或者一致。這三個廟宇是供奉保生大帝的興濟宮，供奉天公的天壇和供奉關羽的開基武廟。

我們用三個研究助手分別負責上述三個廟宇的工作。從上午八時至晚間十時做整天的觀察和訪問。同時我們也得到此三廟宇內的「釋籤者」——專門解釋籤的內容的人——的諒解和合作，幫助調查員訪問抽籤者的個人背景。

我們的研究表賦予每一個抽籤者一個編號。在每一編號內記錄其性別、年齡、教育程度，抽籤內容和籤的性質等五項資料，在該一星期內，我們一共記錄了七〇六人。若以百分比來說，興濟宮的抽籤人數爲總人數之 21.52 %，天壇爲 24.09 %，開基武廟爲 54.39 %。

三、資料分析

一種普通常識認為婦女是比男性較為迷信，也就是說女性的宗教傾向較強於男性。為了驗證此一普通常識，在我們的研究中，性別的比較也就成為必要。

從我們所記錄的七〇六人中，男性共有一五六人，而女性則有五五〇人，以所占比例而論，男性僅有總數之 22.10％，而女性則高達 77.90％。換言之，女性至廟宇抽籤問神之人數比男性多三倍有餘。因此從我們的資料上來看，上面所提到的普通常識也可以說是一種事實。為了更詳細看出男女兩性比例起見，我們乃以廟宇為單位而列成表一，以供參考。

表一　抽籤者之性別比較

抽籤者性別 廟　字　別	男　（％）	女　（％）
興　濟　宮	26.31	73.69
天　　壇	34.66	65.34
開　基　武　廟	16.66	83.34
總　數　比	22.10	77.90

在我們的基本假設裏，我們認為教育程度的高低與抽籤的宗教行為有密切的相關。依據資料所顯示，幾乎所有的抽籤者之教育程度皆低於小學教育。其所占比例為總數之 91.35％。再詳細分析，其中小學教育者占 42.77％，不識字者占 48.58％。而中學教育者僅占 4.54％。由此可見抽籤者教育程度之低。

表二 抽籤者之教育程度

廟宇＼教育程度	大學以上	中　學 (%)	小　學 (%)	不識字 (%)	未　詳 (%)	合　計 (%)
興 濟 宮	—	—	10.05	7.36	4.11	21.52
天 壇	—	0.57	14.31	9.21	—	24.09
開 基 武 廟	—	3.97	18.41	32.01	—	54.39
合 計	—	4.54	42.77	48.58	4.11	100.00

此種低的教育程度一方面顯示智識水準低者之依賴宗教，另一方面則顯示智識水準高者之不屑於求神問佛。雖然如此，我們也不能忽視另一個可能的事實，即此種低的教育水準可能和我們樣本中女性所占的絕大比例有關。

年齡的差異也表現了某種特徵於此項抽籤的宗教行為上，年齡的分配以三一到四〇歲者為最多，占總數之 34.42％。而二〇歲以下的人數則僅有 3.68％。雖然如此，在抽籤的行為上，年齡之差異呈一種散佈狀，即平均分配或散佈於各個年齡階層上。其百分比的分配甚為均勻。以往有人認為到廟裏抽籤問神的都幾乎是老太婆，可是從我們的資料所顯示之結果來看却非事實，從二一歲起的年齡階層其比例皆略近。表三是各個年齡階層內抽籤人數之百分比的比較表。

在前面，我們曾經提到過，宗教信仰的起源之一是由於人們對於「未知」的事物的疑懼和不安，乃發展出一套用來解釋此種焦慮和不安的超自然的徵記而形成宗教。因此探討此種疑懼因素乃是真正瞭解人類宗教信仰的基本因素。當然這些疑懼的存在常會隨着時間和空間的不同而不同的。

抽籤者到廟宇問神，最主要是由於其本人在某些方面無法得到滿意

表三　抽籤者之年齡分配

廟宇　　年齡	20以下 (%)	21～30 (%)	31～40 (%)	41～50 (%)	51以上 (%)	未　詳 (%)	合　計 (%)
興 濟 宮	——	2.12	6.37	7.22	5.24	0.57	21.52
天　　壇	2.27	5.24	4.96	5.67	5.95	——	24.09
開 基 武 廟	1.41	11.76	23.09	8.36	9.77		54.39
合　　計	3.68	19.12	34.42	21.25	20.96	0.57	100.00

的解決或由於他對於某些事情無所適從，因此他就到廟裏抽籤問神，希望從籤上求得神的指示。此種求籤的內容自然代表着抽籤者內心的焦慮以及他所希望獲得的安全感。

在本研究中，我們將抽籤的原因分為疾病類、發財類、事業類、吉凶類、婚姻類、考試類、生育類、命運類、遷居類和其他類。

從表四，我們發現關於命運和事業兩類所占的比例最多。前者占29.46％，後者亦占26.62％。如果將此二類加上發財類之1.55％，此三類之百分比高達57.63％，即占總數之一半以上。可見在目前我們的社會裏，人們對未來的恐懼尤甚於對其他事物的恐懼。命運、事業和發財三類的詢問都意味着未來可能發生的事情。人們對未來的事情茫然無知，因此希望藉神的力量預先告知，防患未然。

其次為疾病的恐懼，占17％。此種高百分比一方面顯示抽籤者對現代科學的醫事技術不能得到完全的滿意，另一方面也顯示出教育水準與醫療行為之間的差距。

至於婚姻的恐懼所占的比例亦高，占8.21％。此種詢問通常都是希望獲得神的指示以定婚期或對象。由此可見古老的價值觀念乃操縱着部份人的婚姻。

　　從整個抽籤的原因來看，人們對未來的恐懼似乎是驅使人們依賴宗教的超自然力量的最主要原因。對於未來，我們常有一種無所適從的感覺，因此我們總希望能夠預先知道未來到底會發生甚麼事，好事先做準備。而對未來的推測却非我們的能力所能做到，因此依賴宗教或超自然的解釋就成為必需。從下表所列舉的抽籤原因來講，幾乎所有的原因都是針對未來的，回顧過去絕無僅有。

　　在前面，我們曾提到一種假設，即廟裏所供奉的神祗性質不一樣，則至該廟抽籤者之抽籤原因也就可能不同。本研究所調查的三個廟宇的主神性質，因此表現在抽籤者原因上也就略有不同。這可以從上表所列舉的抽籤原因在三個廟宇的分配比例上看出。

　　從上表，我們發現在興濟宮廟裏，抽籤者之抽籤原因以疾病類最

表四　抽　籤　之　原　因

原因 廟宇	疾病 (%)	發財 (%)	事業 (%)	吉凶 (%)	婚姻 (%)	考試 (%)
興濟宮	42.76	5.26	19.07	0.67	4.60	
天壇	3.51		22.35	—	8.82	3.00
開基武廟	12.76	0.78	31.51	1.30	9.37	4.68
總數比	17.00	1.55	26.62	0.84	8.21	3.25

原因 廟宇	生育 (%)	命運 (%)	遷居 (%)	其他 (%)	不詳 (%)	合計 (%)
興濟宮	—	23.02	3.94	—	0.68	100
天壇		58.82	—	3.50	—	100
開基武廟	1.30	19.01	8.59	8.07	2.63	100
總數比	0.80	29.46	5.52	5.24	1.51	100

多, 幾占其全部抽籤者之一半, 其百分比高達 42.76％。這個事實, 最主要的是因爲興濟宮內所供奉的主神是保生大帝, 相傳其專管疾病醫藥等事, 因此到該廟求「藥籤」治病的人數乃比其他原因者多。

其次到天壇抽籤者以問命運的人爲最大多數, 占該廟總抽籤人數之 58.82％, 即一半以上。該廟所供奉之主神爲玉皇上帝, 俗稱天公, 相傳其爲衆神之神。因此人間的命運自以詢問天公爲最恰當, 這可從如此高的比例探知。

至於開基武廟, 所供奉之主神爲關羽, 俗稱關公, 爲三國時代之英雄人物, 本省民間信仰皆以其爲忠的典型人物。該廟抽籤者以詢問事業的爲最多, 占 31.15％。

由上述分析, 我們可以這樣認爲在本省之抽籤行爲與廟裏所供奉之神祇有某種程度之關聯。抽籤原因的傾向是比較突出的, 關於這一點, 我們很希望能有人再加以詳細而深入的研究。如果能夠擴大調查的範圍, 尤其是多調查幾個廟宇, 我們相信這將是很有意義的。

最後本文要加以討論的是關於籤的性質, 即抽籤者所抽出來的籤是好還是壞。其比例如何?

我們都知道每一個到廟裏抽籤者都是由於心裏有某種的疑懼和不安, 才去抽籤問神以求指引的 (當然也有少數例外)。因此總希望所抽出來的籤是好籤, 以幫助他處理他所面臨的困難。從表五, 我們可以發現屬於好籤的占 53.68％, 屬於普通的籤亦占有 28.32％, 現在如果將如此二者加在一起, 可得 82％, 而屬於壞籤的卻只有 18％。如此大的差距的造成, 筆者認爲「釋籤者」的解釋是一個最重要的因素, 亦即人爲的因素最爲重要。「釋籤者」儘可能地順着抽籤者之希望予以好的方面的解釋, 以便抽籤者感到滿意, 或者予以模稜兩可的解釋, 因此所謂「好籤」與「普通籤」乃占有如此大的比例。

表五　籤內容之好壞

廟宇 \ 籤質	好 (%)	壞 (%)	普通(%)	合計(%)
興濟宮	38.81	13.17	48.02	100
天壇	74.11	7.07	18.82	100
開基武廟	50.52	24.74	24.74	100
總數比	53.68	18.00	28.32	100

四、結　論

依據上述之分析，我們可以做這樣的結論，即到廟宇內抽籤問神者以婦女為最多，為男性數目之三倍有餘。抽籤者之年齡分配並無顯著之集中趨勢，各個年齡階層的分配甚為均勻，不過二十歲以下者數目甚少。從抽籤者的教育程度來看，其教育程度甚低，絕大部份為小學或不識字者。

以籤的內容而論，關於未來的焦慮甚為明顯。尤以命運和事業類為最多，疾病和婚姻類亦不少。而大部份的抽籤者也都能得到滿意的答覆用以解除其面臨之疑懼。

另外廟宇內所供奉的神祇的性質也似乎影響了抽籤者到該廟宇內所希望解決的困難的類別。

（原載於思與言六卷二期，一九六八年）

十　臺北市公寓與國民住宅之研究

——一個社會學的分析報告——

　　本研究為加州大學（柏克萊）國際研究所 (Institute for In-
ternational Studies of the University of California at Berkeley)
1966 至 1968 年的「中國家庭生活研究」(The Chinese Family
Life Study) 的一部份。筆者在此願對其經濟上的支援表示謝
意。同時對該研究計劃主持人之一，吾師艾伯華敎授 (Prof.
W. Eberhard) 所給予筆者的指導和批評深表謝意。

一、前　　言

　　近二十年來，臺灣省社會變遷的速度是相當急劇的，社會的都市化
與工業化，經濟企業的科學化，人口與國民所得的增加等等皆是很顯著
而又具有特別意義的幾個特徵。在這些變遷當中，都市化更是一個值得
中國社會學家探討的問題。

　　臺灣近年來的都市化趨勢可從人口大量集中於都市顯示出。龍冠海
敎授在一研究報告中指出：「從民國三十六年至五十五年，市的人口由
佔全省人口的 21.6%，增至 29.8%；鎮的由 29.1%，增至 29.5%；鄉
的却由 49.3%，降至 40.7%；如將鎮與市二者合併計算，則由 50.7%

增至59.3%，其中所增加者幾乎全是屬於市的。」❶ 同時他又指出「如僅以五省轄市的人口為依據，其百分比在三十六年僅佔全省的14.2%；四十五年增至19.8%，五十五年又增至22.3%，由此觀之，足見臺灣省五大城市人口增長的迅速，同時也表明本省正在走上都市化的途徑。」❷

事實上，這些人口的增加並非是由於都市人口本身的自然增加而來的，乃是由於社會增加所致。換句話說，都市人口的增加大多數乃是因為鄉村人口遷移入都市的結果。因此增加的速度也相當地快，同時也造成都市人口的過份擁擠。舊有的都市設施無法供應和滿足這過多的人口，而就業，住宅和公共服務等也趕不上這嚴重的人口擁擠。

都市住宅問題之受社會學家重視，不僅是因其牽涉到都市的物理環境(physical environment)，而更重要的是因其影響到人類的某些個人和社會行為❸。因此社會學家和一般社會研究者對於都市住宅的研究就必須注意到某些與住宅問題附帶相關的規範，價值與習慣。換句話說，社會學家所重視的不僅是都市住宅量的問題，而且是住宅所牽涉到的質的問題，例如住宅區內的鄰居關係等。

雖然如此，任何一個工業化的國家裏，都市住宅問題都一直存在，沒有一個國家能完全成功的避免它。事實上，無控制的都市住宅(uncontrolled urban settlement)是急速都市化的一個正常過程，因此我們也不必一定視之為一種社會病態❹。

❶ 龍冠海：近二十年來臺灣五大城市人口動態的研究，自印本 1969，第298頁。

❷ 同註❶，第300頁。

❸ 林清江、郭為藩譯述，現代都市問題 臺南開山書店印1970，第85頁。

❹ Gerald Breese (ed.), *The City in Newly Developing Countries: Readings on Urbanism and Urbanization*, (N. J. Prentice-Hall Inc.,) 1969, p. 509.

　　目前臺灣對於都市住宅和人口增長較重視量的研究。事實上，這方面的研究報告和論文甚爲可觀。然而類似都市化對家庭之影響，都市住宅區人際關係等的研究則幾乎沒有，有深度的實地調查報告更是闕如❺。

　　本研究報告所欲揭示的，並非在於都市住宅量的供求問題，也無意於提供讀者如何解決都市住宅問題。所重視的是人們如何適應公寓式的都市住宅。在過慣了以往大雜院式的生活，人們在公寓住宅中可能面臨的人際關係之改變與新的物理環境之使用與適應等問題。由於資料搜集及引證之困難，本研究無法概括全社會，僅希望能藉此討論都市住宅的某些特質，並激發其他有興趣的人士做更進一步的探討與研究。

二、研究方法

　　本報告所依據的資料是美國加州大學 (University of California at Berkeley) 於一九六八年在臺北市所做的中國家庭生活研究 (The Chinese Family Life Study) 中的一部分。這個研究當時由加大社會學教授艾伯華先生 (W. Eberhard) 指導其研究生安健先生 (K. A. Abbott) 及中國學生數人實地調查訪問所得。調查地點爲臺北市，調查戶數一百戶；樣本分配情形爲貧民國民住宅五十戶，（樣本號碼 No. 1-50），高級公寓五十戶（樣本號碼 No. 51-100）。前者在古亭區南機場國民住宅區內，後者則選自仁愛路及敦化路一帶。

　　本研究以臺北市爲調查地區，主要因臺北市的都市化程度較其他市鎮顯著。尤其最近的行政區域擴大及行政體制的改制更顯示出其都會區

---

　　❺　近年來國立臺灣大學社會學系頗致力於臺北市都市化的研究，該系出版之研究報告及論文頗多，其中較重要的有「臺北市古亭區社會調查報告」(1967) 及「臺北市貧戶調查報告」(1969)，此二者皆爲實地調查報告。

形成的重要性❻。同時也因社會學者對臺北市所做的研究較爲詳盡，資料之引證及比較亦較其他各市鎭便捷。

　　調查訪問表的設計以都市住宅物理環境與鄰居間人際關係爲主。目前臺灣有關這方面的資料缺少科學的依據，因之本研究採用開放式的調查表，　儘可能讓被訪問者有足夠的機會與自由，　充分表達其個人之經驗與感受。此經驗與感受的發掘可提供未來較深入研究的理論基礎與假設。

三、資料分析

　　都市人口之增加主要由於鄉村人口遷移所致，由於某些困難，我們無法正確估計出具有鄉村背景的都市人口數量，以及其中多少人居住於公寓住宅內。調查資料裏公寓居民以外省籍人口居多。此種現象在高級公寓裏較爲顯著（佔 88%），在貧民國民住宅區中亦佔大多數（68%）。

　　這是一個很有趣的事實，雖然調查戶數不多，不能概括全省，不過相信這現象距實際情況不遠。外省籍人士居住於公寓住宅較多，其原因很多，較重要的是外省籍由大陸移居至臺灣僅二、三十年的歷史，在臺灣缺少世代相傳的房屋與世代累積的社會關係。也因此與鄰居和社區內的社會關係較不穩定，遷居並不造成嚴重的孤立感覺。而本省籍居民則與其本籍有較深遠的社會關係，搬家另覓新居不但需疏遠甚至斷絕原有的社會關係，同時需面對一個完全陌生的新社會環境，則其遷居較具冒險性，故本省籍人士對遷居的傾向較淡薄。

　　當然遷居並不一定指遷入公寓住宅；尚包括其他類型的居所。因此

---

❻　參考龍冠海前引書及陳紹馨著「最近十年間臺灣之都市化趨勢與都會區域的形成」，載於臺大社會學刊，第一期，第 59-79 頁。

公寓住宅之優點可能是促使居民遷入的重要原因。表一指出兩種不同公
寓住宅居民遷入公寓的原因。

表一　遷　入　原　因

	設備	經濟	上學上班	安全	政府	環境	其他	總數*
國民住宅	4	8	3	7	17	3	9	51
高級公寓	7	5	12	10	2	6	11	53

* 依樣本數，則國民住宅及高級公寓應各為50戶，但因某些樣本戶遷入原
　因不止一種，故回答數超過樣本數。

這裏我們清楚地看出，在國民住宅中34％的住戶由於「政府」原因
而搬入的。所謂「政府」的原因乃是指因政府的政策將舊有的違建戶集
中於新蓋的國民住宅。在前面我們曾指出，本研究國民住宅區樣本抽自
古亭區南機場一帶。該地區原為臺北市違建戶最多之一地區。後經市政
府拆除原有違建改建大量的國宅收容原有住戶。絕大部分住戶皆因此項
政策而住進的。另外有16％的住戶表示由於「經濟因素」搬入的。此乃
因其造價較廉且可分期付款，故頗適於中下階級居住。不過這當中也有
少數是經由原住戶轉租而得的，並非向政府直接承租的。

在高級公寓中，表一有24％的住戶是因其地點適中，接近工作地點
與學校。另有20％是覺得公寓較其他型式房子來得安全。關於「安全」
問題，我們將在下一節詳述。另外也有少部分住戶則有其他特殊原因搬
入，例如有一家住戶（樣本 No. 51）這樣地敍述其搬入公寓的原因：

　　　　「私人原因，住公寓是最新的趨勢，似乎還不錯的人都住公
　　　寓，而公寓也確實有很多好處，以前住的地方很雜，不算很高級，
　　　而此處水準較劃一……又有朋友勸我們搬來，所以就搬來了。」

我們特別提出這例子,因其顯示出一個社會學上的問題:社會地位。該住戶的回答很明顯的表示出其對本身社會地位的關心:因為高級,不錯的人都住公寓,因此他就搬入了。換句話說,如果他不搬入,他就自覺得他不再屬於高級的一類。雖然在本研究中,我們只有這一份資料,我們相信社會地位或面子問題可能是促使有錢有地位份子住進高級公寓的重要原因之一。我們希望將來研究公寓問題者能注意這項動機。

(一)公寓式住宅的優點

公寓式住宅的產生是都市人口大量急速增加的一個結果。物理環境(空間)及社會關係的變遷對人類的生理和心理上都具有影響力。因此很可能地,公寓式住宅內的住戶對此種新環境自會有某種反應。首先讓我們先討論公寓住宅的優點。

(a) 物理環境的優點: 所謂「物理環境」(physical environment),在這裏係指公寓建築結構,及其周圍的環境而言。表二是兩種不同的公寓式住宅住戶對其物理環境優點的反應。

表二　公寓式住宅物理環境的優點

	房屋結構	內部設備	靠近學校	靠近市場	靠近辦公室	環境清潔	陽光空氣	交通方便	其他	小計*
國民住宅	7	22	11	10	4	11	6	5	2	78
高級公寓	7	27	4	7	1	12	8	12	1	79
小　　計	14	49	15	17	5	23	14	3	17	157

* 因每一樣本可以同時列舉一種以上優點,故總數不等於樣本數。下皆同。

表二顯示不論高級公寓或 國民 住宅住戶對 公寓 內部設備都感覺滿

意，因其較齊全，較現代化，在建築設計時也顧及舒適問題。特別在厨房，水電及厠所衞生設備上更是使住戶感到比舊式住宅方便得多。下面是幾個實際的回答。

國民住宅戶：

「現設備較好，而且也較方便……以前根本無浴室、厨房。」(No. 12)

「衞生設備乾淨舒適；有儲水池，不怕旱季。」(No. 15)

「以前燒炭較麻煩，現在燒煤氣，一切都比較方便。現在用馬達抽水，用水方面比較方便。」(No. 22)

「以前沒有床，只用幾塊木板釘，現有鐵床。」(No. 31)

「磨石地板，小孩在地上玩，穿拖鞋較乾淨。」(No. 33)

高級公寓戶：

「房子變大，房子整個樣子變得比以前漂亮，現在爲木磚地板，牆壁、厠所等都很漂亮，以前的則稱不上美觀。新房設備較好。」(No. 52)

「各種設備都有。」(No. 53)

「從前的房子爲舊式的，一切設備較差，格式老，現在煤氣，衞生設備較好，水電安全，有停車場。」(No. 54)

「較容易淸潔整理。」(No. 58)

「冰箱，電風扇使生活方便。」(No. 61)

「有陽臺，晒衣方便。」(No. 64)

地點適中，也是重要的原因。由表二可以看出絕大部份的住戶都感覺滿意。公寓靠近學校和市場使得主婦省掉很多麻煩；靠近工作地點則使先生上下班方便。

國民住宅戶：

「距辦公室較近。」(No. 3)

「此地小孩上學方便，較安全。」(No. 5)

「市場近，買東西方便；學校近，小孩上學方便安全。」(No. 11)

「這兒生活水準較低，市場價格較便宜。」(No. 24)

高級公寓戶：

「離工作地點近。」(No. 54)

「很方便買東西。」(No. 56)

「這兒離國民學校很近，小孩上學很方便。」(No. 73)

此外尚有些住戶表示欣賞附近的環境清潔，陽光好，空氣好，交通方便，不怕老鼠，不怕淹水等等。

總之，公寓式住宅住戶最滿意的是其內部設備齊全，舒適，地點適中：靠近學校，市場及工作地點，以及附近環境乾淨等。

(b) 社會環境的優點：所謂「社會環境」，在這裏是指公寓住宅區內的鄰居間關係而言。公寓既是一種較新的都市住宅，居住的份子可能不同於舊式的住宅，其人際關係自亦可能不同。現在先讓我們討論好的一面。

表三　公寓式住宅社會環境的優點

	鄰居	清靜	安全	獨有的私生活	居民份子	其他	空白卷	小計
國民住宅	15	11	10	9	1	4	0	50
高級公寓	7	9	13	10	3	3	5	45
小計	22	20	23	19	4	7	5	95

根據上表，在社會環境裏，鄰居來往，清靜，安全和獨有的私生活是公寓式住宅的四大優點。雖然如此，有一點應該特別提出的是，在國

民住宅中鄰居間來往較高級公寓中似乎來得頻繁些。清靜，安全和獨有的私生活(privacy)是一種可貴的享受。與舊式的大雜院比較，人們可不必再顧慮到鄰居們的干涉，無理由的打擾或面子問題等等。

國民住宅戶：

「獨門獨戶，自由出入。」(No. 10)

「環境清靜，不如以前吵雜。」(No. 14)

「人口集中，有安全感。」(No. 15)

「鄰居處得很好。」(No. 28)

「大家和睦相處，鄰居好像自己一家人一樣。」(No. 64)

高級公寓戶：

「安靜，大家比較守本份。」(No. 70)

「公寓的安全問題比較好，可以互相照顧。」(No. 78)

「彼此很客氣，很有禮貌。」(No. 90)

至於其他，則有人覺得公寓內居民背景水準齊一是優點之一。例如，「以前的鄰居水準不同，彼此不一定能談得來，太雜。現在各家水準一樣，鄰居很談得來。」(No. 55) 另外有少數幾位高級公寓主婦則指出「這裏會打麻將的人比較多，大家來來往往比較熱鬧。」

總之，居住公寓式住宅內的住戶對於公寓特有的獨門獨戶的清靜甚為欣賞。雖然此種「獨門獨戶」同時也帶來了一種孤獨的新的社會關係，使人與人之間的往來亦大為減少，然而對某些住戶來講，此種私生活却是一種難得的享受。人口集中，不怕小偷都使住戶們安心，在心理上減輕了不少負擔。

(二)公寓式住宅的缺點

雖然公寓式住宅在物理上和社會環境上都給居民某種程度上的滿足

與享受。然而，因其為都市化及急速人口增加之結果，在房屋設計上自然會有不能令人滿意的地方。另一方面，由於新的社會關係的出現，人們也可能發生不能適應此種新關係的感覺。因此在本節，我們將提出某些缺點加以討論。

（a）物理環境之缺點：國民住宅戶與高級公寓戶對於住宅的結構，設計及周圍環境之評論就有很大之差異。兩種不同的住宅之造價相差很多，購買的價格自亦不同，住戶本身對住宅的期望程度自然不同。在下表四，我們可以很清楚地看出其差異。

表四　公寓式住宅物理環境之缺點

	結構設備	臥室太少	無花園	無娛樂場	無晒衣場	環境不良	其他	小計
國民住宅	12	16	4	4	4	15	5	60
高級公寓	10	3	13	10	6	11	7	60
小　計	22	19	17	14	10	26	12	120

如果我們將結構設備項與臥室問題放在一起，我們可以發現此為住戶們最不滿意的項目。雖然在前一節裏，我們曾經指出房屋內結構和設備，例如廚房和廁所，最令人滿意，可是其他方面仍未能令人十分滿意。例如：在國民住宅戶，「樓梯太高了」；「屋內排水不良」；「太小了」。高級公寓的「窗戶對開，可看到對面人家，室內又無隔音設備」；「儲藏室及下房設備不好」。

臥室太少，沒有晒衣場，沒有花園等問題都牽涉到建築地面積大小的問題。事實上，都市的土地有限，人口密度太大，地價昂貴等因素促使建築商人儘可能節省空間以減低成本。高級公寓售價較貴尚可考慮及此問題，國民住宅戶則無法顧及，例如有16戶國民住宅戶埋怨臥室太

少，而僅有 3 戶高級公寓埋怨此。另一方面，有13戶高級公寓戶埋怨無花園，而僅有 4 戶國民住宅提及此。不過有一點需要特別提出的，乃是少數國民住宅戶埋怨缺少花園，並非是他們反而比高級公寓更擁有花園空地，而是他們事實上不敢「奢望」一個花園，有當然最好，沒有似乎也是理所當然的。爲了瞭解不同的住宅的面積和人口密度的相關，我們將其在表五內指出，讀者可以很明顯地看出在國民住宅內的嚴重擁濟程度。

表五　高級公寓與國民住宅占地面積與人口之比較

	每戶面積（坪）	每戶人口（人）	每人面積（坪）	每臥房人數（人）
國 民 住 宅	9.06	5.10	1.85	3.15
高 級 公 寓	37.00	5.60	6.60	1.90

　　兩種住宅的住戶對附近周圍環境都有些埋怨。按照表四所列，有15戶國民住宅及11戶高級公寓對此不滿；另外有 4 戶國民住宅及10戶高級公寓埋怨附近沒有娛樂場所。

　　事實上，由於市中心地帶地皮昂貴，大部分的公寓建築在市郊空地上。這些地方，有很多本是稻田或荒地，垃圾及水溝污穢滿地。因此新的公寓雜在這髒亂中，自然在環境上無法令人滿意。

　　國民住宅戶：

　　「附近太髒，灰塵太大。」(No. 16)

　　「太潮。」(No. 3)

　　「攤販太多、太吵。」(No. 12)

　　「鄰居不重衛生、養雞，垃圾太多。」(No. 13)

　　「太吵，衛生差，小孩無處玩。」(No. 49)

高級公寓戶:

> 「垃圾, 水溝太髒。」(No. 60)

> 「灰塵太大。」(No. 64)

> 「衞生不好, 路燈太少。」(No. 95)

> 「巷子太小, 需一小公園。」(No. 79, 86)

(b) 社會環境的缺點: 孤獨, 人情味淡薄, 鄰居的髒亂與無公德心,是新式公寓生活人際關係的最大缺點。獨門獨戶雖然帶來了人們可貴的寧靜的私生活和較多的自由,可是另一方面又有一種孤獨感。在以前,鄰居是熟悉的,每天見面的,還可以聊天;而現在每一家的門戶都是關得緊緊地。你不敲門,沒有人會理你。即使你敲了門,人家也以一種懷疑地眼光看你。人與人的距離拉遠了。鄰居就像是陌生人,人情味也淡了,人們在心理上產生了異樣的感覺與負擔,在這裏,我們將人們的埋怨列爲幾大類於表六。

表六　公寓式住宅社會環境的缺點

	鄰居	吵雜	髒亂	背景不齊	無安全感	其他	小計
國 民 住 宅	6	6	17	8	4	1	42
高 級 公 寓	27	17	4	4	2	3	57
小　　　計	33	23	21	12	6	4	99

很明顯的, 鄰居缺少往來是公寓住戶最不滿者, 此種現象, 在國民住宅中尚不顯着,而在高級公寓則頗爲突出。如果仔細探討其可能原因,則此種差異現象之造成乃是: (一)因本調查所包括之國民住宅區係南機場一帶,而大部分的居民在未遷入國宅以前都是南機場的違建戶,共患難已有數年, 新建的國宅只是把原有的舊違建戶, 改遷入國宅而

已，大部分居民未變，因此其彼此間之往來不甚受影響，然而高級公寓
居民則不相同，絕大部份的居民都互不相識，彼此建立友誼關係並不簡
單，因此各自獨立的情形自然出現，孤獨感自然較國宅住戶來得明顯。
(二)國民住宅人多地小，因此裏外走動的機會與時間自然較多，鄰人碰
面的機會也就多些；而高級公寓的地坪空間較大，室內設備較齊全，
在家裏往往就可以打發一天的空閒，因此與鄰居見面的機會就少多了。
(三)國民住宅大都為生活較貧苦的中下等勞工階級或小公務員，終日奔
波，工作的時間也不一定，因此鄰居見面機會較多；而高級公寓居民大
都有固定的工作時間，早出晚歸，終日鄰居碰不見面。(四)國宅住戶之
娛樂受經濟情況所限，大都不外於街頭閒逛或跑跑附近小電影院，鄰居
相處機會自然較多；而高級公寓的娛樂範圍較廣，各家有各家的方法
與地點，這也影響到鄰人交往機會之多寡。(五)部份高級住宅都裝有電
話，有幾位被訪問者更指出以電話向公寓的合作社買菜，不必出門很方
便，因之外出與鄰人見面，互動的機會更減少了。(六)最後，高級公寓
的居民對於面子問題，社會地位觀念較重，因此如非必要，則不與鄰人
往來，人與人之間的距離遠而淡多了。此種新的人際關係正如一戶被訪
者(No. 73)所稱的是一種「公寓式的社會關係」。茲舉一些較特殊的例
子來說明這種高級住宅居民不相往來的事實。

　　「鄰居互不相識，也沒有機會認識人，以前則鄰居經常來往，
　　而且以前附近人家都是本省人，現在則本省人很少。公寓找人太麻
　　煩，要一邊看地址，一邊對門牌，每家都門戶森嚴，要按門鈴都不
　　太好按，心理上很不習慣，以前的地方，隨便路上問一個人『誰住
　　在那裏？』或『某某地方在那裏？』都可以問到。」(No. 58)

　　「鄰居不熟，無來往，沒有點社會關係。」(No. 57)

　　「鄰居不相來往，出門不方便。」(No. 77)

「沒有社交，各管各的。」(No. 63)

「以前根本無大門，鄰居語言相同，現在則各自獨立門戶，各省人皆有，亦有外國人，以前可以和鄰居聊天較有趣。」(No. 99)

「因太陌生了，而沒有聯絡的機會。」(No. 89)

「人情味差。」(No. 96)

「無志同道合之鄰居。」(No. 83)

至於吵雜和髒亂，則是居民的公德心的問題。前者以高級公寓為甚；而後者則以國民住宅區為烈。現在讓我們先看看高級公寓的吵雜問題：

「公德心不夠，太吵。」(No. 95)

「時有人偷打開信箱。」(No. 91)

「有小偷，偷東西及信箱鑰，太可惡。」(No. 59)

「生活習慣不同，鄰居打牌聲音太吵。」(No. 83)

雖然造成吵雜的原因之一可能是由於房子設備的不良，例如無隔音設備等等，可是居民儘量減少不必要的噪音也是應該有的公德心。打麻將在高級公寓很普遍，可是其噪音之大，尤其在夜間更是吵得鄰居無法安眠。偷信箱內的信，雖然可能是外來的小偷所做，然而也可能是公寓居民某些人好奇心作祟而做出來的行為也不一定。總之，缺少公德心是高級公寓的問題之一。

吵雜雖然在國民住宅區中，很少有人埋怨，（也許他們早已習慣於這種生活。）髒亂却是一個大問題。例如，有人在公寓內養雞，臭味四溢；有人則隨便亂倒垃圾。這些也是公德心的問題：

「鄰居太髒，沒有公德心，太亂。」(No. 42)

「大家太沒有公德心，住樓上的人常把東西丟下來。」(No. 36)

「不注重公共衛生；養雞影響衛生；燒煤影響空氣新鮮。」
(No. 3)

(三)外界社會關係的持續

在前面二節，我們的重點放在公寓式住宅的物理及社會環境。雖然我們發現居民的反應與感受不一，可是我們也發現一種新的「公寓式的社會關係」的產生。此種新的關係，好的一面是具有不受干擾的私生活，而壞的一面則是它產生人與人的隔膜與孤獨。

現在我們所要討論的是公寓居民與外界的關係。公寓式生活是否改變了居民與外界的來往頻率。表七將居民可能來往的對象分為六類加以分別列舉比較。

表七　公寓居民與外界社會關係之比較

	增　加		一　　樣		減　少		無回答	
	高級公寓	國民住宅	高級公寓	國民住宅	高級公寓	國民住宅	高級公寓	國民住宅
親　戚	12	6	30	23	4	13	4	7
同　姓	2	1	14	9	0	7	29	32
同　鄉	2	7	29	15	1	7	18	20
同　事	6	5	32	24	4	7	8	11
同　學	7	5	19	10	5	9	19	15
會　友	2	0	14	7	3	3	31	40

很明顯地，居民在搬入前與搬入後的社會關係變化並不大，因為大部分回答「一樣」。因此公寓式住宅生活並不影響或改變其既有的社會關係。

(四)費用開支與自由時間的增加

表八A和B是關於費用開支的問題，我們發現有35戶國民住宅及34戶高級公寓回答其日常費用增加了；而僅有5戶國民住宅及4戶高級公寓覺得費用節省。

表八—A 費 用 增 加

	水 電	房 租	清潔費	社交來往	其 他	小 計
國 民 住 宅	12	9	0	3	11	35
高 級 公 寓	9	2	11	5	7	34

表八—B 費 用 節 省

	水 電	房 租	清潔費	社交來往	其 他	(費用無變者)
國 民 住 宅	0	3	0	2	0	10
高 級 公 寓	0	1	0	1	2	12

既然大部分人覺得費用增加了，則爲什麼增加倒是值得探討。從表八A我們可以看出國民住宅戶以水電及房租爲多。這原因乃是以前他們大部分住的都是違章建築，根本不需交房租，若有，亦是很小的數目。新的住宅則要交房租或分期付款購買，費用當然增加。至於水電，以前違建戶設備簡陋，現在則很多都是電器化，設備亦較齊全，用電度數自然提高，水電費隨之增加。高級公寓戶則埋怨清潔費增加，房子大，朋友來往多等等。

國民住宅：

「房子小，請客需在外面，反而增加開支。」(No. 3)

「要繳房租。」(No. 27)

「房子太小，不能養雞。」(No. 47)

「房租貴。」(No. 9)

高級公寓：

「朋友來往多，費用開支自然增加。」(No. 89)

「同事來往多；清潔費增加。」(No. 73)

「需整理花園。」(No. 74)

「清潔費用增加。」(No. 98)

最後我們要討論公寓式住宅是否給家庭主婦更多的自由時間。從表九，差不多有一半的人覺得沒有變，不過也有人覺得增加了或減少了：

表九　家庭主婦之自由時間

	增　加	減　少	一　樣	無回答
國　民　住　宅	16	8	22	4
高　級　公　寓	12	5	28	5

覺得增加的人，理由各有不同，例如有人覺得「出門方便，鄰居可照顧。」(No. 3)「店舖和住家分開，更多自由。」(No. 6)「出入方便。」(No. 20)「有時間聊天。」(No. 35)「近市場。」(No. 41)「獨門獨戶。」(No. 49)「設備齊全。」(No. 43)「不必打掃。」(No. 100)等等。至於覺得自由時間減少的人則認為「無安全感，鄰居不熟。」(No. 7) 代表多數。一個有趣而又值得重視的回答是來自一位高級公寓的主婦，她說：「自由少，因為穿衣方面需要華麗，故無漂亮衣服穿就較少出去玩。」(No. 87)這個例子至少可以反映出高級公寓居民對社會地位及面子問題的重視。

四、結　論

綜上所述，我們發現大部分居民對公寓內部結構設備，例如結構安全，不淹水，厨房厠所齊全等等都很滿意，對於公寓地點適中：靠近學校和市場，以及周圍環境的清潔反應大致不錯。同時，他們對於能有清靜的私生活都覺得是一種享受。這種享受正如一個社會學家所描述的是「一種可貴的奢侈品。」❼公寓式住宅的獨門獨戶使鄰居間保持一種不干涉他人的生活的自由。另外，人口的集中也增加了人們的安全感。

不過在另一方面，公寓式住宅也有不少的缺點：貧民住宅最大的缺點是房子太小，臥房太少，擠在一起很是不便。在高級公寓則亟需院子種一些花草，增加活動範圍。在社會環境上，居民最大的埋怨是人與人的關係淡了，鄰居之間缺少往來，好像互不認識似的，尤其在高等公寓區，這種孤獨感更是顯著。此外，居民的缺乏公德心，髒亂和吵雜，不重公共衞生也是一個嚴重的問題。

至於費用開支上，大部份居民都覺得比以前要增加些。在時間支配上則有將近半數的人覺得自由些。

事實上，本研究所揭示的幾個問題，並非是獨特的。在類似的美國都市社會學資料中，我們都可以找到相同或類似的例子❽。我們目前

❼　Barry Schwartz, "The Social Psychology of Privacy", *American Journal of Sociology* (73:6) May, 1968, p. 743.

❽　請參考 Eleanor p. Wolf & Charles N. Lebeaux, "On the Destruction of Poor Neighborhood by Urban Renewal", *Social Problems*, Summer (15:1) 1967, Gerald Breese, op cit., 及 Philip M. Hauser (ed.) *Urbanization in Asia and the Far East*, UNESCO, Calcutta, 1957, 及 Gerald Breese. *Urbanization in Newly Developing Countries*，中央圖書出版社翻印，臺灣，臺北，1968.

只希望本研究能夠提供一些有根據的資料給學者們及政府決策官員做參考。同時也希望藉此提醒大家，都市住宅問題由來已久，這個問題的解決，並非僅用建造更多更多的房子所能解決的，我們必須注意到房子所牽涉的人們的每一部份的生活、心理情緒和行為。

（原載於社會學刊七期，一九七一年）

十一 工業化衝擊下的臺灣社會

一、前 言

中華民國近三十年來在臺灣經濟發展的可觀成就是有目共睹的一個事實，也是世界上其他開發中國家最好的借鏡和典範。在這三十年裏，臺灣從一個農業社會轉進至工業社會、國民所得增加、人民的生活亦已由貧窮轉至富裕。不僅政府首長以此經濟奇蹟爲榮，學術界及報章雜誌亦常著文論述加以宣揚。

但是一個很重要的問題却很少有提及：在這種經濟發展和工業化衝擊下，臺灣目前的社會結構到底轉變成怎麼樣的一個型態？在這社會裏是不是有了新的問題必須加以注意的？本文的目的是想用最平俗的筆法輕輕鬆鬆的探討臺灣在人口、職業結構、家庭、宗教、犯罪等方面目前所遭遇到的問題。

不過我希望在此特別聲明，本文不能算是一篇學術性的研究報告。因此，所引用的統計資料可能顯得零碎與缺乏代表性，相信讀者們能諒解。我只希望能藉此拋磚引玉，提醒大家某些問題的可能存在，並與大家討論可能解決的辦法。

二、人口結構上的兩個重要轉變

我個人認為近三十年來臺灣人口結構上最重要的轉變並不在於人口出生率和死亡率的降低，也不在於農業人口的減退和工業人口的增加。值得注意的應該是人口餘命歲數的增加和人口過份都市化這兩種現象。

從人口學觀點上來講，人口餘命歲數是牽涉到一個社會內之經濟、文化、保健等等環境因素的一個指數。因此，一個社會愈進步，則其人口餘命歲數亦愈長。例如，美國一九七五年男的生命餘命歲數是六八·七歲，女的是七六·五歲。日本一九七六年男的是七二·一，女的是七七·三。法國在一九七四年男的是六九歲，女的是七六·九歲。這些都是工業化國家。相反地，在一些低度或未開發國家裏，人口餘命相當地短。例如，非洲有些國家的人口餘命歲數，男的只有三十二歲，女的三十八歲，埃及也只不過男的五十二歲，女的五十四歲。

在臺灣，根據政府的報導，民國四十年時男的平均餘命是五十三歲，女的是五十七歲，但在民國六十七年時男的已延長到六十九歲，女的則已是七十四歲。這些數目不僅已與工業化國家如美日等國平等，而且更重要的是顯示臺灣人口壽命的增長，是社會人民生活進步的好現象。

臺灣人口結構另一個值得特別注意的現象是人口高度集中於都市。民國四十年時，臺灣十萬人口以上的都市才只有八個，民國六十八年時，這種都市已有十七個。不僅如此，高雄市和臺北市都已是百萬以上人口的巨型都市了。如果以都市人口在全省總人口百分比來說，民國四十六年時，居住在十萬以上人口的都市居民為全省人口百分之二七·五，但在民國六十七年時則已增至百分之四五·四，將近一半的人口住在這種的都市區域。

　　這種過份集中大都市的人口現象造成不少問題，都市地價突飛猛漲，交通擁擠、治安不寧、衞生設施不敷應用等都是有目共睹的問題。在那些美麗壯觀的高樓大厦的陰影下，正不知有多少的問題急需解決。臺北的擁擠和高雄的空氣污染都是很嚴重的。

三、新中產階級的產生

　　臺灣急速工業化的結果產生了一批頗有影響力的新中產階級：工商業人士。我們這裏所指的並不一定是像王永慶和林挺生等幾位所謂「關係企業」的巨頭。而是一大羣從工商業努力苦幹出來的地方上領導人物。最近有了寫了一篇文章諷刺留美的博士學人，直說留美博士有何用，回去了還不是在那些小學畢業而已的工商業老板底下做事領薪水，這倒是真的。因爲今天臺灣所謂「青年才俊」已不再是留美博士學人了，而是那一批苦幹出來的企業界老板。以前每年選出來的所謂十大傑出青年，留美的總佔大多數，現在則逐漸爲年青工商業領袖所代替。

　　最近中央研究院做了一個職業聲望調查就很清楚地可以看出來工商業方面有關職業聲望的提高。士農工商的老觀念已消失。有不少接受調查的學生更乾脆指出畢業後不想出國深造，想做生意。這話在二十年前，無論如何是說不出口的，現在則似乎是當然的。

　　中產階級的日益重要還可以在各種地方選舉上看出來。以往在臺灣的選舉，候選人和當選人最多的是醫生，現在工商業出身的人數比率已大爲提高，年齡也較以往年青。醫生的知名度已沒有以前那麼高，代之而起的是一批有錢又有現代企業管理組織訓練的工商業人士。在將來，這批人將左右臺灣的地方政壇是可以預見的。

四、文化的回歸傳統和鄉土化

有一種很有趣却又有點矛盾的現象是最近臺灣對鄉土文化和傳統的再重視。一方面我們看到各級政府忙着興建文化中心、民俗村、藝術館、和文化建設委員會的成立；另一方面則又在民間看到對鄉土文學與鄉土文化的重受重視。這種在高度工業化過程中找尋傳統的現象，雖然我們可以用人們對傳統的懷念，對單純社會生活方式的響往，但是它也可能是有政治原因的。

舉一個最明顯的例子來講，臺灣近幾年來廟的數目突然劇增、民間的拜拜和媽祖遊行等也不像以往被政府主管單位指罵爲迷信受禁。相反地，政府還間接鼓勵民間去辦，用以顯示我們社會的繁榮和不忘傳統。另外我個人認爲下面幾個原因也許可以說明廟數量增加的現象：

(1) 臺灣的廟大多數蓋在郊區或山上，以前交通不便不容易常去。現在交通方便，自己開車或搭遊覽車很方便，故可常去。

(2) 臺灣的遊覽車事業很發達，廟就成爲遊覽車最理想的中途休息站，一方面讓遊客用廁所，一方面希望遊客捐香火油資。所以臺灣各地大廟，廁所齊全，且競爭得很厲害。

(3) 有人說臺灣現在最容易賺錢的事業，除了炒地皮之外，蓋廟最合算。第一香客的捐款都是現金，積少成多，不像做生意，怕被遠期支票拖垮。第二廟宇是慈善事業不抽稅。聽說最近政府要開始抽稅，我想效果不會很好，因爲大部份的捐款是沒有帳的。要查也查不出來。

(4) 臺灣有不少年青的工商業青年才俊，以前受教育不多，現在有錢了，可以神氣一番。可是却有一種缺乏安全感的恐懼，不知道那天那日這一下賺來的錢會垮掉。捐巨款給廟宇，一方面感謝神明給他帶來發財

的機會，另方面也希望藉此消災。而且這一批人有錢雖有錢，平常知名度並不高，有了錢想出名，最好的辦法是捐錢給廟宇。臺灣的廟常刻有捐款者姓名，某某董事長捐這根柱子，某某總經理捐那個牆上的壁畫等等。廟既已成為遊覽中心，成名速度自然就快。這樣子，不僅當地的人知道他有錢。連外地的人也都知道他有錢了。

(5) 政府最近常強調根和傳統。臺灣工業化的結果使人感覺到臺灣愈來愈像日本和美國。政府為了強調我們不是日本，也不是美國，我們絕沒有忘本。因此急需可以代表傳統的東西來維持我們的尊嚴，孔家的倫理道德根本看不到，即使還在也難拿給人家看。在這種情況下，廟是最代表舊傳統社會的標誌了，可以看得見，可以摸得着。何況廟裏面的神明還有很多是民族英雄呢！因此拜拜和媽祖遊行就不再是迷信和愚民了，反而是傳統中國文化的優良表現。

維護傳統文化是好的，但是我們希望政府能有系統和有目標的去做。不要把一切舊的全當做傳統的寶貝，硬要保存。

五、家庭關係的改變

臺灣在工業化衝擊下，傳統的家庭關係已有了很明顯的改變。前面所提到的人口都市化，使人們的居住空間大為縮小。臺北市和高雄市到處都是新建的公寓式高樓大廈，地皮貴，每個房間自然也就小小的，老式的大家庭根本擠不進去，祖孫間的關係自然疏遠，有些甚至於祖先的神牌都沒有地方放，祭祖成了一個大問題。都市化的結果使許多年青人遠離家鄉，逃出了父母直接管束手中，一些所謂青年問題自然增長。舉二個很簡單的例子讓大家參考：

(1) 幾年前政府有關單位在高雄加工區裝置了好幾臺賣避孕用品的

機器，　聽說生意好得驚人，　不到幾天那幾臺機器裏的避孕用品全賣光了。

(2) 今年夏天臺灣報紙上說野柳金山一帶的西藥店一逢週末避孕用的套子銷路大增，有一家西藥店老板說週末一天可以賣到一百套以上。更有趣的是報紙上並沒有呼籲年青人不用這些東西，而是要求大家用完了，不要亂丟，免得妨礙遊樂場所的衞生。想想二十年前，報紙一定要大嘆世風日下，人心不古，而今却只要求大家要注意衞生，這不能不說是價值觀念已有改變。

不過從政府的資料上來看，全省的離婚率似乎並沒有大幅提高，總還是在百分之零點五左右。如果眞的是這樣的話，則問題很可能就在婚前性行爲的開放上。可惜我們對這方面的調查資料很少，無法做詳盡分析。

另外，老年問題在不久的將來也是需要加以注意的。前面所提臺灣人口生命餘命歲數的增加，自然可想像到老年人口會增加。從統計數字上來看，民國四十年時老年人口佔總人口百分之二‧四六，在民國六十七年時已增至百分之四‧〇三，這百分比還會繼續增加的。都市公寓那麼擠，住不下老年父母，子孫輩不在身邊，孤獨可想而知。

我個人認爲臺灣盛行的晨操運動實在是一種對老年人特別有益的團體活動。從社會學上的觀點來講，這種晨操運動至少有下面三點功能：

(1) 從生理觀點來看，晨操可幫助老年人維護身體健康，至少它可以幫助老年人活動活動筋骨。

(2) 晨操是一種團體運動，它給老年人一種是屬於社會內成員的感覺。因爲藉着參加晨操，老年人可以跟自己年齡相同的人交談來往，讓自己覺得有用，並同時擴大其活動範圍，減少過份的孤單。

(3) 也由於老年人積極參加晨操，他和子孫輩的衝突可能減少。因

爲他有他的一羣老伴交談來往，不必纏着子孫們，面對面的衝突自然就少。

當然除了晨操以外，政府亦應多辦點有意義的團體活動，並特別照顧貧窮的老年人。

六、犯罪率的提高

緊跟着工業化和社會的改變，我們發現臺灣的犯罪案件顯然有增加的趨勢。根據政府的統計數字，臺灣近幾年來的犯罪率一直在增高。以臺灣地區各地方法院第一審判決有罪人數來講，民國五十八年時，臺灣每十萬人口裏有四八七人第一審被判有罪。民國六十七年時已增至每十萬人口裏七七九人。如果把民國五十八年當基數來比較，則民國六十七年的指數爲一九一，可以說幾乎是當年的一倍。而且這還是指第一審有罪者，如果我們把那些違警罰法處分的人加起來，則違法的人數必然更多。

不僅如此，犯罪的方式也跟着社會改變而有所不同。二十幾年前從來沒聽見過甚麼「經濟犯」之類的罪名，也很少有什麼「偸竊工業資料」這個罪名，更沒有什麼青少年吸食強力膠的問題，現在則翻開新聞報紙，這些犯罪和問題時常可見。最近有一個計程車司機設計了一套彈簧飛鏢，準備用來搶刼乘客，更是驚人。我在最近發表的一篇雜文裏曾說：「不要到了那麼一天，整天怕人搶。那麼經濟發展又有啥用？」又說：「經濟是起飛了，其他的也該起飛了，沒有均富的民生和安定的社會秩序，經濟繁榮是維持不久的。」

七、結　語

　　拉拉雜雜地講了一大堆話，希望能引起大家對臺灣社會在工業化衝擊下的新型態。更希望有人對這些問題加以研究做更進一步的調查分析。

（初稿發表於一九八〇年美中西部國建會學術討論會，芝加哥）

滄海叢刊已刊行書目 (一)

書　　　　名	作　　者	類　　　　別
國父道德言論類輯	陳　立　夫	國父遺教
中國學術思想史論叢 (一)(二)(三)(四)(五)(六)(七)(八)	錢　　穆	國　　學
現代中國學術論衡	錢　　穆	國　　學
兩漢經學今古文平議	錢　　穆	國　　學
朱　子　學　提　綱	錢　　穆	國　　學
先　秦　諸　子　論　叢	唐　端　正	國　　學
先秦諸子論叢（續篇）	唐　端　正	國　　學
儒學傳統與文化創新	黃　俊　傑	國　　學
宋代理學三書隨劄	錢　　穆	國　　學
莊　子　纂　箋	錢　　穆	國　　學
湖　上　閒　思　錄	錢　　穆	哲　　學
人　生　十　論	錢　　穆	哲　　學
中國百位哲學家	黎　建　球	哲　　學
西洋百位哲學家	鄔　昆　如	哲　　學
比較哲學與文化 (一)(二)	吳　　森	哲　　學
文化哲學講錄 (一)(二)(三)(四)	鄔　昆　如	哲　　學
哲　學　淺　論	張　　康	哲　　學
哲　學　十　大　問　題	鄔　昆　如	哲　　學
哲　學　智　慧　的　尋　求	何　秀　煌	哲　　學
哲學的智慧與歷史的聰明	何　秀　煌	哲　　學
內　心　悅　樂　之　源　泉	吳　經　熊	哲　　學
哲　學　與　宗　教 (一)(二)	傅　偉　勳	哲　　學
愛　的　哲　學	蘇　昌　美	哲　　學
是　　與　　非	張身華譯	哲　　學
語　　言　　哲　　學	劉　福　增	哲　　學
邏　輯　與　設　基　法	劉　福　增	哲　　學
知識・邏輯・科學哲學	林　正　弘	哲　　學
中　國　管　理　哲　學	曾　仕　強	哲　　學

滄海叢刊已刊行書目 (二)

書　　　　名	作　　者	類　　　　別
老　子　的　哲　學	王　邦　雄	中　國　哲　學
孔　　學　　漫　　談	余　家　菊	中　國　哲　學
中　庸　誠　的　哲　學	吳　　怡	中　國　哲　學
哲　學　演　講　錄	吳　　怡	中　國　哲　學
墨　家　的　哲　學　方　法	鐘　友　聯	中　國　哲　學
韓　非　子　的　哲　學	王　邦　雄	中　國　哲　學
墨　　家　　哲　　學	蔡　仁　厚	中　國　哲　學
知識、理性與生命	孫　寶　琛	中　國　哲　學
逍　遙　的　莊　子	吳　　怡	中　國　哲　學
中國哲學的生命和方法	吳　　怡	中　國　哲　學
儒　家　與　現　代　中　國	韋　政　通	中　國　哲　學
希　臘　哲　學　趣　談	鄔　昆　如	西　洋　哲　學
中　世　哲　學　趣　談	鄔　昆　如	西　洋　哲　學
近　代　哲　學　趣　談	鄔　昆　如	西　洋　哲　學
現　代　哲　學　趣　談	鄔　昆　如	西　洋　哲　學
思　想　的　貧　困	韋　政　通	思　　　　想
佛　　學　　研　　究	周　中　一	佛　　　　學
佛　　學　　論　　著	周　中　一	佛　　　　學
現　代　佛　學　原　理	鄭　金　德	佛　　　　學
禪　　　　話	周　中　一	佛　　　　學
天　人　之　際	李　杏　邨	佛　　　　學
公　　案　　禪　　語	吳　　怡	佛　　　　學
佛　教　思　想　新　論	楊　惠　南	佛　　　　學
禪　　學　　講　　話	芝峯法師	佛　　　　學
圓滿生命的實現 （布施波羅蜜）	陳　柏　達	佛　　　　學
絕　對　與　圓　融	霍　韜　晦	佛　　　　學
不　疑　不　懼	王　洪　鈞	教　　　　育
文　化　與　教　育	錢　　穆	教　　　　育
教　　育　　叢　　談	上官業佑	教　　　　育
印　度　文　化　十　八　篇	糜　文　開	社　　　　會
中　華　文　化　十　二　講	錢　　穆	社　　　　會
清　代　科　舉	劉　兆　璸	社　　　　會
世界局勢與中國文化	錢　　穆	社　　　　會
國　　家　　論	薩孟武譯	社　　　　會
紅樓夢與中國舊家庭	薩　孟　武	社　　　　會
社會學與中國研究	蔡　文　輝	社　　　　會

滄海叢刊已刊行書目 (五)

書名	作者	類	別
燈下燈	蕭蕭	文	學
陽關千唱	陳煌	文	學
種籽	向陽	文	學
泥土的香味	彭瑞金	文	學
無緣廟	陳艷秋	文	學
鄉事	林清玄	文	學
余忠雄的春天	鍾鐵民	文	學
卡薩爾斯之琴	葉石濤	文	學
青囊夜燈	許振江	文	學
我永遠年輕	唐文標	文	學
思想起	陌上塵	文	學
心酸記	李喬	文	學
離訣	林蒼鬱	文	學
孤獨園	林蒼鬱	文	學
托塔少年	林文欽編	文	學
北美情逅	卜貴美	文	學
女兵自傳	謝冰瑩	文	學
抗戰日記	謝冰瑩	文	學
我在日本	謝冰瑩	文	學
給青年朋友的信(上)(下)	謝冰瑩	文	學
孤寂中的廻響	洛夫	文	學
火天使	趙衛民	文	學
無塵的鏡子	張默	文	學
大漢心聲	張起鈞	文	學
回首叫雲飛起	羊令野	文	學
康莊有待	向乃華	文	學
情愛與文學	周伯乃	文	學
湍流偶拾	繆天華	文	學
文學之旅	周玉山	文	學
大陸文藝新探	周玉山	文	學
累廬聲氣集	姜超嶽	文	學
實用文纂	姜超嶽	文	學
林下生涯	姜超邦	文	學
材與不材之間	王邦雄	文	學

書　　　名	作　　者	類		別
人　生　小　語 (一)(二)	何　秀　煌	文		學
印度文學歷代名著選 (上)(下)	糜　文　開	文		學
寒　山　子　研　究	陳　慧　劍	文		學
孟　學　的　現　代　意　義	王　支　洪	文		學
比　　較　　詩　　學	葉　維　廉	比	較　文	學
結構主義與中國文學	周　英　雄	比	較　文	學
主　題　學　研　究　論　文　集	陳鵬翔主編	比	較　文	學
中　國　小　說　比　較　研　究	侯　　健	比	較　文	學
現　象　學　與　文　學　批　評	鄭　樹　森編	比	較　文	學
記　　號　　詩　　學	古　添　洪	比	較　文	學
中　美　文　學　因　緣	鄭　樹　森編	比	較　文	學
比　較　文　學　理　論　與　實　踐	張　漢　良	比	較　文	學
韓　非　子　析　論	謝　雲　飛	中	國　文	學
陶　淵　明　評　論	李　辰　冬	中	國　文	學
中　國　文　學　論　叢	錢　　穆	中	國　文	學
文　　學　　新　　論	李　辰　冬	中	國　文	學
分　析　文　學	陳　啓　佑	中	國　文	學
離騷九歌九章淺釋	繆　天　華	中	國　文	學
苕華詞與人間詞話述評	王　宗　樂	中	國　文	學
杜　甫　作　品　繫　年	李　辰　冬	中	國　文	學
元　曲　六　大　家	應　裕　康王　忠　林	中	國　文	學
詩　經　研　讀　指　導	裴　普　賢	中	國　文	學
迦　陵　談　詩　二　集	葉　嘉　瑩	中	國　文	學
莊　子　及　其　文　學	黃　錦　鋐	中	國　文	學
歐　陽　修　詩　本　義　研　究	裴　普　賢	中	國　文	學
清　眞　詞　研　究	王　支　洪	中	國　文	學
宋　儒　風　範	董　金　裕	中	國　文	學
紅　樓　夢　的　文　學　價　値	羅　盤	中	國　文	學
中　國　文　學　鑑　賞　舉　隅	黃　慶　萱許　家　鸞	中	國　文	學
牛　李　黨　爭　與　唐　代　文　學	傅　錫　壬	中	國　文	學
浮　士　德　研　究	李　辰　冬譯	西	洋　文	學
蘇　忍　尼　辛　選　集	劉　安　雲譯	西	洋　文	學